Selbstverteidigung

DER LEBENSWICHTIGE RATGEBER – NICHT NUR FÜR FRAUEN

Polizeibeamtin Janet Rodgers

Bassermann

Der Text dieses Buches entspricht den Regeln der neuen deutschen Rechtschreibung.

ISBN 3 8094 1577 4

Originaltitel: Keep Yourself Safe

Übertragen aus dem Buch »Safe at all times«, Originalproduktion durch Carroll & Brown Limited,
20 Lonsdale Road, Queen's Park, London, NW6 6RD

Umschlaggestaltung: Epsilon 2, Konzept & Gestaltung, Augsburg
Projektleitung: Carina Janßen
Übersetzung: Berliner Buchwerkstatt, Vera Olbricht/Michael Fröhling
Redaktion: Berliner Buchwerkstatt, Barbara Kunerle
Layout und Gestaltung: Berliner Buchwerkstatt, Britta Dieterle/Ulrike Sindlinger
Printed in Italy by G. Canale & C., Turin

HINWEIS AN DIE LESERINNEN UND LESER

Dieses Buch enthält die Meinung und die Ideen der Autorin und will nützliche Informationen zum Thema Selbstverteidigung liefern. Kein Mittel der Selbstverteidigung ist ohne Risiko. Daher sollten die jeweiligen Umstände immer genau beachtet und sorgfältig abgewogen werden, bevor auf die beschriebenen Techniken zurückgegriffen wird. Der Verlag und die Autorin übernehmen keine Verantwortung für persönliche, finanzielle oder sonstige Nachteile oder Schäden, die angeblich direkt oder indirekt auf die Anwendung von Ratschlägen aus diesem Buch zurückgehen.

In diesem Buch wird der Einfachheit halber immer vom »Angreifer« gesprochen. Selbstverständlich sind gleichermaßen weibliche und männliche Angreifer damit gemeint.

Inhalt

Vorwort der Autorin

Wenn Sie glauben, Ihnen könne so etwas wie ein tätlicher Angriff nicht passieren, wiegen Sie sich in falscher Sicherheit. Derartige Bedrohungen unserer persönlichen Sicherheit sind Teil unseres Alltags. Aus meinen langjährigen Erfahrungen als Polizistin in der Großstadt weiß ich: Aufmerksamkeits- und Selbstverteidigungstraining bringen Sicherheit für jeden von uns, gleich ob Mann, Frau oder Kind, auch für ältere Menschen.

Selbstverteidigung. Der lebenswichtige Ratgeber – nicht nur für Frauen ist für alle von uns die Geheimwaffe, mit der wir angemessen reagieren können. Dieses Buch versetzt Sie mit ebenso einfachen wie leicht zu erlernenden Techniken in die Lage, gefährliche Situationen leicht zu vermeiden und sich gut gegen körperliche Angriffe zu schützen. Sie lernen unter anderem, alltägliche Gegenstände wie Schirme und Stifte als Waffe zu nutzen, sich in öffentlichen Verkehrsmitteln und im Auto sicherer zu fühlen, sich gegen Raubüberfälle, Straßenkriminalität und sexuelle Übergriffe zur Wehr zu setzen. Wenn Sie schon immer etwas unternehmen wollten, um sich sicherer zu fühlen, und es nie geschafft haben, haben Sie mit diesem Buch genau das Richtige, um damit zu beginnen.

Wenn Sie das Buch lesen, gewinnen Sie sowohl Selbstsicherheit als auch Wissen, das Sie an Ihre Familie und Ihre Freunde weitergeben sollten. Beginnen Sie, die Welt zu dem sicheren Ort zu machen, an dem Sie leben wollen. Das ist letztlich die Grundlage für Ihr eigenes Wohlbefinden und das Ihrer Lieben.

Janet Rodgers
Polizeibeamtin

1

Aufmerksamkeit bringt Sicherheit

Die tägliche Flut an Berichten über Straßenkriminalität kann Angst um unsere Sicherheit hervorrufen. Doch vor welchen Gefahren müssen wir uns schützen? Stellen Sie sich mental auf den Umgang mit Notfällen ein und finden Sie Wege, anderen zu helfen, ohne Ihre eigene Sicherheit aufs Spiel zu setzen.

Wie sicher fühlen Sie sich?

Die verschiedensten dramatischen Ereignisse der vergangenen Jahre, insbesondere der terroristische Angriff des 11. September 2001 gegen die USA und Terrorakte gegen andere Staaten, haben viele von uns in Angst versetzt, Angst um unser Leben und das unserer Angehörigen. Das Leben nach diesen Ereignissen fordert von uns dennoch eine positive Einstellung. Einerseits sind derartige Tragödien Herausforderungen der staatlichen Autorität und erfordern ein Nachdenken über die Sicherheitslage, andererseits zwingen sie uns, darüber nachzudenken, wie wir uns selber schützen können und uns jederzeit sicher fühlen. Entscheidend ist es, sich darüber im Klaren zu sein, dass diese Ereignisse nicht alltäglich sind. Sie beherrschen die Schlagzeilen, weil sie sensationell sind. Tief im Inneren wissen wir eigentlich, dass wir im Alltag weitaus bedrohlichere Situationen als terroristische oder kriminelle Angriffe erfahren. Wichtig ist es, uns im Alltag zu schützen und unsere alltäglichen Gewohnheiten entsprechend zu überprüfen.

Statistisch gesehen, bestehen die höchsten Risiken während alltäglicher Aktivitäten wie dem Gang zur Arbeit. Relativ wenige Menschen erleben terroristische oder schwere Kriminalität.

Wo lauern Gefahren?

Wenn wir über Gefährdungen unseres Wohlbefindens nachdenken, hilft ein Blick auf die häufigsten Todesursachen, um die Gefahren richtig einzuschätzen. Zu den häufigsten Todesursachen gehören Herzerkrankungen, Krebs und Erkrankungen des Lungensystems. Danach folgt Tod durch Unfall. Im Straßenverkehr starben in der Bundesrepublik in den vergangenen drei Jahren bis zu 7000 Menschen jährlich – mit sinkender Tendenz. Krankheitsrisiken können wir mit gesunder Lebensführung, guter Ernährung und genügend Bewegung vorbeugen. Der gesunde Menschenverstand hilft uns Unfälle zu vermeiden. Wir können unsere Sicherheit auch durch entsprechendes Training und Übungen wie »sicher fahren« (s. Seite 28) verbessern.

Trotz aller Statistiken macht uns die Kriminalität große Angst. Das liegt wohl daran, dass wir sie nicht kontrollieren können. Täter sind die anderen, und das oft unerwartet. Aufmerksamkeit bringt Sicherheit. Dies ist der Grund, dass sich dieses Buch hauptsächlich mit der Vermeidung und dem Umgang mit Kriminalität beschäftigt.

Gewaltkriminalität

Obgleich wir nie wissen, in welche Situationen wir geraten können, hilft ein Blick auf die allgemeine Kriminalitätsentwicklung und einzelne Straftaten. Auch wenn die Kriminalität in den vergangenen Jahren leicht abgenommen hat, verzeichnen wir zum Beispiel im Vergleich der Jahre 2001 zu 2002 in der polizeilichen Kriminalstatistik (PKS) eine Steigerung der Gesamtzahl um 2,3 Prozent (um 143 529 auf insgesamt 6 363 865) und bei der Gewaltkriminalität auf 4,9 Prozent (um 213 668 auf 227 157).

Die PKS beruht auf der Beobachtung der Kriminalität und einzelner Deliktarten. Sie erfasst die der Polizei bekannt gewordenen und durch sie bearbeiteten Straftaten, einschließlich der mit Strafe bedrohten Versuche. Es gibt jedoch eine große Dunkelziffer.

Die PKS fußt auf dem Erkenntnisstand bei Abschluss der polizeilichen Ermittlungen. Die Statistiken über verurteilte Straftäter stellen sich ganz anders dar. Wegen des unterschiedlichen Ermittlungsstands und der unterschiedlichen Erfassungszeiträume ist die PKS mit der Verurteiltenstatistik der Gerichte nicht vergleichbar.

Gefährdungen und Deliktarten

Männer werden im Allgemeinen viel häufiger Opfer von Gewaltkriminalität als Frauen. Das gilt jedoch nicht für Vergewaltigung und sexuelle Nötigung: Frauen werden viel häufiger vergewaltigt oder sexuell genötigt. Sie werden eher zu Hause als auf der Straße zu Opfern, und die Täter stammen oft aus dem Bekanntenkreis.

Junge Menschen werden eher Opfer von Raub, Diebstahl und Gewalttaten. Jugendliche, Heranwachsende und junge Erwachsene haben die höchste Kriminalitätsbelastung. Männer und Frauen über 65 Jahre die geringste. Abstrakt gesehen gilt, je höher das Haushaltseinkommen, desto geringer die Wahrscheinlichkeit, Opfer von Gewaltkriminalität zu werden. Haushalte mit niedrigem Einkommen werden eher Raubopfer, während Haushalte mit hohem Einkommen weitaus mehr Eigentumsdelikten und Autodiebstahl ausgesetzt sind.

Das Risiko für allein Erziehende und Studenten ist größer als das anderer Lebensformen. Die höchste Kriminalitätsbelastung besteht für Menschen der Innenstädte, gefolgt von dem der Vorstadtbewohner. Die niedrigste Belastung durch Gewaltkriminalität gilt im ländlichen Raum.

Gefahren erkennen und abwehren

Gewalttaten, terroristische Angriffe und Katastrophen erzeugen Angst, weil sie ebenso zufällig wie unvorhersagbar sind. Man kann nicht alles unter Kontrolle haben. Denken Sie darüber nach, was Sie im Fall des Falles tun können. Dadurch minimieren Sie Gefahren und können besser mit den Folgen umgehen.

Aufmerksamkeit entwickeln

Im täglichen Trott vergisst man leicht die alltägliche Gefahr. Zum Beispiel auf der Straße, wenn ihr Mobiltelefon klingelt; am Ende eines harten Arbeitstages denkt man nur ans Heimkommen; auf dem Parkplatz vom Supermarkt konzentrieren Sie sich auf das Einladen der Waren. Sie denken kaum darüber nach, dass Ihnen Ihr Telefon oder der Einkauf gestohlen werden könnten. Wie auch immer, um sich effektiv zu schützen, sollten Sie stets auf Ihre Umgebung achten.

Alltagscheck

Versuchen Sie im Verlauf der nächsten Tage bei allem, was Sie tun, mögliche Gefahren abzuschätzen: Achten Sie während der Autofahrt auf gefährliche Stellen und beachten Sie, wie Ihre Fahrweise sich auf andere auswirkt (s. Seite 28); wenn Sie nachts alleine unterwegs sind, nutzen Sie gut beleuchtete Straßen und Plätze und achten Sie auf Stellen, an denen Sie Hilfe holen können (s. Seite 21). Wenn Sie abends ausgehen, achten Sie auf das Verhalten der Menschen, die Sie treffen (s. Seite 22). Soweit Sie sich Gefahren ausgesetzt sehen, ändern Sie Ihre Verhaltensweisen.

Gefahren erkennen

Wahrnehmen, Aufnehmen und Beurteilen der Umgebung sind unbewusste Prozesse. In einem Gespräch sollten Sie auf die kleinen Veränderungen in Mimik und Stimme des anderen achten,

Setzen Sie sich Gefahren aus? Auf der Straße mit dem Mobiltelefon zu telefonieren kann Sie von möglichen Gefahren ablenken. Telefonieren Sie daher nur von sicheren Plätzen aus.

um so zu erkennen, ob er wütend oder bedrohlich wird, bevor er irgendetwas Bestimmtes tut. Ganz gleich, ob man das »aus dem Bauch heraus reagieren« oder »natürliche Instinkte« nennt, das ist es, was uns Gefahren vermeiden, auf sie reagieren und uns letztlich überleben lässt.

In manchen Situationen widerspricht die Reaktion auf solche Signale gängigem sozialem Verhalten. Ist zum Beispiel ein Arbeitskollege plötzlich eigenartig und seltsam, sind Sie oft zu überrascht und ängstlich, irgendetwas dagegen zu sagen oder zu tun, auch um eine Szene zu vermeiden. Sie sollten jedoch Ihren Instinkten trauen und ihnen folgen. Sagen Sie Ihrem Kollegen offen, dass Ihnen sein Verhalten nicht gefällt. Ändert dies nichts, schalten Sie den Chef oder andere ein.

Vorbereitet sein

Gefährliche Situationen führen zu körperlichen Reaktionen, die wir kennen sollten. In Krisensituationen sind manche Menschen wie gelähmt und können nicht schreien (Schreckstarre). Andere haben Probleme zu erfassen, was genau geschieht. In extremen Situationen kann man sich sprichwörtlich »in die Hose machen« (Zustandsangst). All das sind unbewusste körperliche Reaktionen und kein Zeichen von Schwäche. Eine weitere körperliche Reaktion ist die Ausschüttung von Adrenalin, die uns hilft, bedrohliche Situationen zu bewältigen (s. Kasten rechts).

Entschieden Handeln

Auch wenn die meisten von uns ihre Überlebensinstinkte nicht mehr nutzen müssen, schlummern diese noch immer in uns. Befürchten Sie, im Falle eines Angriffs oder eines Unfalls nicht zu wissen, was Sie tun sollen, vertrauen Sie darauf, dass Sie sich wehren und schützen können. Weil jede Situation anders ist, kann Ihnen niemand die perfekte Reaktion zeigen. Mit einem Notfall konfrontiert, sollten Sie grundsätzlich wie folgt vorgehen.

WAS GESCHIEHT, WENN ...

ADRENALINAUSSCHÜTTUNG

Der Adrenalin»stoß« ist die positive Seite der Angst, da er uns unmittelbar reagieren lässt. Adrenalin beschleunigt den Herzschlag und die Atmung, indem Gehirn und Muskeln mit mehr Sauerstoff versorgt werden. Das führt dazu, dass unsere Sinne geschärft werden und unser Gehirn schneller reagiert. Sie fühlen sich leichtfüßiger und stärker als sonst.

Das Adrenalin senkt kurzzeitig auch das Schmerzempfinden. Viele Menschen, die bei Auseinandersetzungen verletzt wurden, berichteten, sie hätten die Schmerzen erst gespürt, als sie sich beruhigt hatten. Diese Veränderungen bedingen, dass der Adrenalinstoß uns hilft, uns selber zu verteidigen.

- **SITUATION ERFASSEN** Agieren Sie rasch und nutzen Sie all Ihre Sinne. Vergegenwärtigen Sie sich genau, was geschehen ist und ob es anhaltende Gefahren für Sie und andere gibt.
- **SICHERHEIT SCHAFFEN** Gibt es andauernde Gefährdungen, muss man zunächst darauf achten, bevor man etwas anderes tut. Nach einem Autounfall sollten Sie die Zündung ausschalten, auch wenn der Motor nicht mehr läuft. Wenn ein Eindringling in Ihrem Haus ist, verlassen Sie dieses, ehe Sie die Polizei anrufen.
- **HILFE HOLEN** In den meisten Notfällen brauchen Sie Hilfe, sei es von Nothilfeeinrichtungen oder Passanten. Wenn Sie auf der Straße angegriffen werden, kann Schreien den Angreifer abschrecken und Ihnen Hilfe durch andere bringen (s. Seite 52).
- **ERSTE HILFE LEISTEN** Wenn jemand ernsthaft verletzt ist, müssen Sie Erste Hilfe wie Wiederbelebungsmaßnahmen leisten.

Vertrauen Sie darauf, die richtige Entscheidung zu treffen. Diese beruht auf dem instinktiven Erfassen der Situation sowie dem gesunden Menschenverstand und auf früheren Erfahrungen und den Ratschlägen aus Büchern wie diesem.

Anderen richtig helfen

Wie würden Sie reagieren, wenn Sie andere in Gefahr sehen? Würden Sie sich einmischen oder sich abwenden? Wenn Sie sich entscheiden zu helfen, was wäre dann der beste Weg?

Dieses Buch handelt von Sicherheit in allen Lebenslagen, ganz gleich welche. Sie sollten sich nicht gefährden, um anderen zu helfen. Es gibt jedoch Hilfsmöglichkeiten ohne Selbstgefährdung wie zum Beispiel Nothilfeeinrichtungen. Darüber hinaus gibt es verschiedenste langfristige Strategien, mit denen Sie dazu beitragen können, ihre Umgebung zu einem sicheren Ort zu machen.

Sind Sie verpflichtet zu helfen?

Wenn Sie sehen, dass sich jemand in Gefahr befindet, denken Sie vielleicht, es sei das Beste, sich nicht einzumischen, und dafür gibt es viele gute Gründe: Sie könnten verletzt werden; Sie können das Gefühl haben, dass Sie dafür nicht verantwortlich sind; Ihre Einmischung könnte die Lage verschlimmern; Sie könnten im Wege sein. Im Falle eines Verbrechens könnte die Polizei gar davon ausgehen, Sie seien involviert. Das alles sind gute Gründe, vorsichtig zu sein, sie dürfen jedoch nicht dazu führen, Menschen in Not nicht zu helfen.

SICHERHEITSTIPP

SICHER HELFEN Anderen zu helfen bedeutet nicht, dass Sie in ein brennendes Haus eilen oder sich in einen Kampf einmischen. Sollten Sie sich dabei verletzen, erschweren Sie es nur den nächsten, die helfen wollen. Überlegen Sie, was Sie tun können, ohne sich selbst zu gefährden. Organisieren Sie Hilfe unter dem Notruf 110.

»Guter Samariter«

In den meisten Ländern sind Sie gesetzlich nicht verpflichtet, anderen Menschen in Not zu helfen. Wenn Sie nichts unternehmen, bekommen Sie keinen Ärger. Wenn Sie sich dafür entscheiden zu helfen, bedeutet das Prinzip »Guter Samariter«, weitergehende Schäden zu verhüten oder Leben zu retten. Es ist unwahrscheinlich, wegen Fahrlässigkeit verklagt zu werden, wenn etwas daneben gehen sollte. Sie müssen jedoch in der Lage sein nachzuweisen, dass Sie nicht über das erlaubte Maß hinausgegangen sind. Beachten Sie unbedingt die Regeln der Ersten Hilfe des Deutschen Roten Kreuzes (s. Seite 92).

Aufgrund bestimmter Umstände müssen Sie gegebenenfalls Hilfe leisten. So sind zum Beispiel Arbeitgeber verpflichtet, ihren Angestellten im Falle einer Verletzung oder Erkrankung beizustehen. Des Weiteren müssen Sie helfen, wenn Sie dafür verantwortlich sind, eine andere Person gefährdet zu haben. Ein Kraftfahrer, der einen Unfall verursacht hat, sollte, wenn möglich, den Verletzten beistehen und zumindest sicherstellen, dass Nothilfeeinrichtungen verständigt werden.

Hilfe leisten ohne Selbstgefährdung

Vergegenwärtigen Sie sich, wie Sie sich in einem Notfall fühlen würden und wie andere Angst haben, Ihnen zu helfen. Hier nun einige Möglichkeiten, die Ihnen helfen, sich risikolos zu kümmern:

- **NOTRUF 110 ANRUFEN** Beschreiben Sie genau, was geschehen ist, wer involviert ist und wo es stattgefunden hat (s. Seite 38). Sie sollten Ihren Namen nennen, wenn Sie das nicht wollen, ist ein anonymer Anruf besser als nichts.
- **VERANTWORTLICHE** Suchen Sie nach jemandem, der für die Sicherheit zuständig ist, wie

Behutsam handeln Bei einem Verkehrsunfall sollten Sie das Opfer nur bewegen, wenn sein Leben gefährdet ist. Rufen Sie Hilfe unter der Notrufnummer 110 und versorgen Sie Wunden, wenn Sie über Erste-Hilfe-Kenntnisse verfügen.

zum Beispiel einen Sicherheitsdienst, Türsteher, Zug- und Flugzeugbegleiter.

- **HILFE RUFEN** Machen Sie auf das Ereignis aufmerksam. Wenn Sie befürchten, dass andere nicht reagieren, rufen Sie laut: »Feuer!«
- **ANGREIFER ANBRÜLLEN** Bei Raub und körperlichen Übergriffen halten Sie Abstand und rufen Sie, dass die Polizei, die Sie telefonisch verständigt haben, gleich da sein wird. Weisen Sie den Angreifer auf Überwachungskameras hin, damit er weiß, dass er gefilmt wird.
- **DETAILS ERINNERN** Wenn ein Verbrechen verübt wird, notieren Sie die Beschreibung der Beteiligten, damit Sie die Polizei informieren und später zu einer Identifizierung beitragen können.
- **ANDERE WARNEN** Wenn Sie bemerken, dass jemand Ärger bekommt, suchen Sie nach Hilfsmöglichkeiten. So können Sie Menschen von einem brennenden Haus fernhalten oder vor einem Zusammenstoß mit Betrunkenen warnen.

Langzeitstrategien

Vielleicht sind Sie der Meinung, Regierung und Polizei allein seien verantwortlich für die Sicherheit auf den Straßen. Dennoch können wir viel dazu beitragen, dass unsere Nachbarschaft ein sicherer Ort wird. Ganz gleich, ob für Sie die Sicherheit unserer Kinder das Wichtigste ist oder die der gesamten Gesellschaft, Sie finden in diesem Buch vieles, das zu ihrer eigenen Sicherheit und der der anderen beiträgt.

Vielleicht möchten Sie mehr tun, indem Sie einer Bürgerinitiative, einem Nachbarschutzprogramm oder einer Organisation wie dem Weißen Ring oder anderen Hilfsorganisationen wie dem Kinderschutzbund beitreten. Wenn Sie vermuten, ein Freund, Nachbar oder Angehöriger befindet sich in irgendeiner Gefahr, gibt es viele Vereinigungen und Hotlines, die ihnen praktische Hinweise geben. Einige finden Sie auf Seite 92. Weitere Informationen erhalten Sie in der örtlichen Bibliothek, bei der Polizei und im Internet.

2

Gefahren erkennen und abwehren

Die Gefahren des Alltags einzuschätzen ist recht einfach. Bewahren Sie sich und Ihr Eigentum vor Gefahren, indem Sie Ihre Aufmerksamkeit in allen Lebenslagen schärfen – vom Essengehen bis zum Joggen. Sollten Sie jedoch Opfer eines Raubüberfalls oder einer Vergewaltigung werden, finden Sie Wege, Ihre Sicherheit zu gewährleisten und Hilfe zu erhalten, um mit Ihrem Leben wieder klarzukommen.

Sicherheit außer Haus

Straßenkriminalität kennt keine Uhrzeit, weder Tag noch Nacht. Sexuelle Übergriffe finden zwar eher bei Nacht und an schlecht beleuchteten Plätzen statt, sind jedoch auch tagsüber nicht ungewöhnlich. Es liegt daher an Ihnen, sich selbst und Ihr Eigentum jederzeit zu schützen.

Wachsam sein

Sie sollten auf Ihre Umgebung achten und auf jeden, der sich verdächtig verhält. Sind Sie in der Öffentlichkeit unterwegs, vermeiden Sie Ablenkungen wie das Benutzen das Mobiltelefons oder das Kramen in der Handtasche. Das kann Sie angreifbar machen, weil Ihre Aufmerksamkeit nicht auf das gerichtet ist, was um Sie herum vor sich geht.

Wenn es möglich ist, begeben Sie sich an einen sicheren Ort wie ein Geschäft oder ein Büro, um zu telefonieren oder mit Geld umzugehen.

Da Kriminelle oft den Schutz der Dunkelheit suchen, um zuzuschlagen, sollten Sie besonders bei Nacht vorsichtig sein. Sie sehen im Dunkeln schlechter. Sollten Sie angegriffen werden, können Sie nur schwer sagen, was geschah. Nachts sind meist auch weniger Menschen auf der Straße, die Zeugen des Angriffs werden oder dem Opfer helfen können. Nichtsdestotrotz können Sie mit den folgenden Tipps sicherer werden:

Angst nutzen

Angst setzt das Hormon Adrenalin im Körper frei (s. Seite 11). Dieser Botenstoff macht Sie wachsam und erlaubt so, potenzielle Gefahren wahrzunehmen. Damit Sie gut erkennen können, was Sie umgibt, meiden Sie schlecht beleuchtete Örtlichkeiten. Wenn Ihre Sicht eingeschränkt ist, hören Sie aufmerksamer, und zwar in dem Sinne, dass Sie in der Lage sind, Schritte und herannahende Autos besser wahrzunehmen.

Positive Körpersprache

Angreifer suchen sich ihre Opfer aus, indem sie diese im Hinblick auf Alter, Bewegungstempo

Tragen Sie die Handtasche über einer Schulter oder in der Hand. Die Handtasche nie schräg über den Körper tragen, denn Sie riskieren Verletzungen, wenn der Angreifer Ihnen diese entreißen will.

Nutzen Sie gut beleuchtete Straßen und belebte Plätze, an denen Angriffe weniger wahrscheinlich sind.

oder Verhalten einschätzen. Nutzen Sie daher Ihre Körpersprache für eine eindeutige Botschaft.

- **GEHEN SIE SELBSTBEWUSST** Hetzen Sie nicht, schlendern Sie aber auch nicht. Gehen Sie mit stetigem Schritt und mit erhobenem Kopf.
- **BLEIBEN SIE AUFMERKSAM** Blicken Sie nicht auf den Boden, sehen und hören Sie immer auf das, was um Sie herum vorgeht. Wenn Sie jemand anrempelt, um die Uhrzeit oder Feuer bittet, vergegenwärtigen Sie sich, dass dies ein Ablenkungsmanöver sein kann, während ein anderer Ihnen den Geldbeutel raubt.
- **DEN WEG KENNEN** Planen Sie Ihre Unternehmung im Voraus, so wirken Sie selbstbewusst.
- **VORBEREITET SEIN** Halten Sie möglichst nichts in Händen und stecken Sie die Hände nicht in die Taschen – seien Sie bereit, sich gegen unerwartete Angriffe zu verteidigen.

Angemessene Kleidung

Tragen Sie, wenn Sie ausgehen, möglichst bequeme und weite Kleidung. Sie sind schwerer angreifbar, weil Sie sich schneller bewegen können. Tragen Sie keine teuer wirkenden Schmuckstücke oder Uhren. Ist es spät geworden, nehmen Sie ein Taxi. Sind Sie auf der Straße unterwegs, bedecken Sie Ihren Schmuck mit einem Schal, Handschuhen oder den Ärmeln.

WAS GESCHIEHT, WENN …

TASCHENDIEBE WÄHLEN IHRE OPFER AUS

Die meisten Diebe wollen es sich leicht machen und spähen ihre potenziellen Opfer eine Zeit lang aus. Sie bevorzugen Zielpersonen, die allein, abgelenkt, ängstlich oder betrunken sind. Diese sind leicht zu überrumpeln und nicht willens oder in der Lage, sich zu verteidigen. Sie orientieren sich auch an der Mimik des Menschen, um festzustellen, ob die Person sich wehren wird.

Achten Sie auf andere

Man wird weitaus weniger verfolgt, als man befürchtet. Dennoch sollten Sie Ihren Instinkten trauen (s. Seite 10) und die nachstehenden Hinweise immer im Sinn haben.

Richtig reagieren

Wenn Sie bemerken, dass Ihnen jemand folgt, könnten Sie Angst haben. Von diesem Gefühl müssen Sie sich frei machen.

Wenden Sie sich gegen den Angreifer. Drehen Sie sich um. Wenn Sie den Angreifer ansehen, können Sie sich einen Eindruck von der Situation verschaffen, das schließt Überraschungsmomente aus.

So sind Sie in der Lage, die Situation richtig einzuschätzen und zu sehen, ob es tatsächlich einen Grund zur Beunruhigung gibt oder Sie gar in Gefahr sind. Vielleicht sind es sogar mehrere Personen oder ein bewaffneter Angreifer. Erst wenn Sie das wissen, können Sie angemessen reagieren. Sich umzudrehen kann die Person auch abschrecken, weil Sie diese gegebenenfalls später identifizieren können. Auch Rufen und Schreien kann ausreichen, einen Angriff abzuwehren – haben Sie keine Angst, etwas falsch zu machen.

Abstand von Autos halten

Fährt jemand langsam mit einem Auto hinter Ihnen her, ruft aus dem Fenster oder hupt, kann das ein unbedarfter Spaß sein. Dennoch: Ignorieren Sie dies nicht: Es könnte Ihnen später Leid tun. Versuchen Sie zu erkennen, mit wem der Fahrer redet und klären Sie Ihre Situation. Wissen Sie, was der Fahrer will? Können Sie Ihren Weg ändern? Ist jemand in der Nähe, um zu helfen? Wie viele Personen sitzen im Auto? Eine Person ist eine kleinere Bedrohung als zwei oder drei. Wenn der Fahrer Sie nach dem Weg fragt und

Erstarren Sie nicht (Schreckstarre) Wenden Sie sich gegen den Angreifer, das hält ihn davon ab, Ihnen den Mund mit der Hand zu verschließen.

womöglich eine Karte aufschlägt, begeben Sie sich nie zu nah ans Auto. Halten Sie mehr als eine Armlänge Abstand und antworten Sie laut. Haben Sie ein ungutes Gefühl, sagen Sie: »Ich weiß nicht«, gehen weiter und blicken ab und an zurück, um zu sehen, was der Fahrer macht. Kommt Ihnen das Verhalten des Fahrers verdächtig vor, gehen Sie entgegengesetzt zur Fahrtrichtung des Autos. Der Fahrer müsste nun rückwärts fahren oder wenden, um Ihnen zu folgen.

Will eine Gruppe von jungen Männern Ihre Aufmerksamkeit erregen, rufen Sie ihnen zu, Sie in Ruhe zu lassen, und gehen Sie weiter. Seien

Sie bestimmt und sagen Sie es nur einmal. Lassen Sie sich nicht auf ein Gespräch ein, das könnte als Ermutigung verstanden werden. Steigen die Männer aus und kommen auf Sie zu, gehen Sie unverzüglich in einen Laden, ein Restaurant oder irgendwohin, wo andere Menschen sind. Befinden Sie sich in einem Wohngebiet, gehen Sie zum nächsten Haus und klingeln Sie. Das ist weniger riskant, als auf der Straße zu bleiben. Verständigen Sie die Polizei und warten Sie in Sicherheit.

Angemessenes Verhalten

Für einen Mann kann es schwierig sein zu erkennen, dass seine harmlosen Verhaltensweisen bei Frauen Schrecken erzeugen können. Männer können Frauen helfen, sich in den Straßen sicher zu fühlen, wenn sie diese Verhaltensregeln befolgen:

- **STRASSENSEITE WECHSELN** Gehen Sie nie zu dicht hinter einer einzelnen Frau – das kann bedrohlich wirken. Halten Sie Abstand.
- **ABSTAND HALTEN** Setzen Sie sich im Bus oder Zug nie nahe neben eine Frau.
- **GESPRÄCHE VERMEIDEN** Sprechen Sie spät nachts nie eine Frau ohne Begleitung an, da sie sich bedroht fühlen könnte.
- **ZURÜCKHALTEND SEIN** Wenn Sie mit Männern unterwegs sind, starren oder pfeifen Sie einer Frau nicht hinterher und sprechen Sie diese nicht an. Das kann bedrohlich wirken.
- **KAVALIER SEIN** Bieten Sie Freundinnen an, Sie nach Hause zu fahren, oder begleiten Sie diese zum Bus oder Bahnhof.

Achten Sie auf Ihr Eigentum

Räuber und Taschendiebe sind allgegenwärtig. Sie greifen nach Ihrer Tasche, ehe Sie es merken. Der Überraschungseffekt lässt diese häufig leicht davonkommen. Tragen Sie einen Rucksack, stecken Sie Ihr Portmonee nicht in die Außentasche, da es so leicht gestohlen werden kann. Vorsicht, wenn jemand Sie anstößt oder Sie nach etwas fragt. Das kann ein Täuschungsmanöver sein. Nähert sich Ihnen ein Fremder, sagen Sie: »Nein« und gehen Sie, wenn möglich, auf andere Leute zu. Wenden Sie dem Fremden nie den Rücken ganz zu, da Sie das verwundbar macht.

Angemessenes Verhalten

Hält ein Angreifer Sie an und verlangt Geld, Uhr und Schmuck, geben Sie es ihm. Denken Sie daran, Ihr Leben ist mehr wert als Ihr Eigentum. Wird Ihre Handtasche geraubt, versuchen Sie nicht den Dieb zu fassen. Der beste Weg, Ihr Eigentum zurückzubekommen und den Angreifer dingfest zu machen, ist, sich sein Aussehen einzuprägen, den Tatort und die Richtung, in die er verschwindet. Melden Sie den Vorfall gleich beim nächsten Polizeirevier.

Kreditkarten

Kreditkarten werden in verschiedenster Weise missbraucht. Achten Sie daher immer auf Ihre Kreditkarten. Unterschreiben Sie die Kreditkarte sofort nach Erhalt und bewahren Sie die PIN-Nummer immer getrennt von ihr auf. Machen Sie von Ihren Karten Kopien, damit Sie bei Diebstahl alle Informationen zur Hand haben, um die Kartengesellschaften zu informieren. Die Kopien bewahren Sie an einem sicheren Ort auf, da diese alle Informationen und Ihre Unterschrift tragen. Zahlen Sie in Geschäften oder Restaurants mit der Karte, lassen Sie das Personal die Karte nie aus Ihrer Sichtweite entfernen. Der Karteninhalt kann ausgelesen und dupliziert werden, um Kreditkartenmissbrauch zu begehen. Prüfen Sie in einem Restaurant die Rechnung sorgfältig, damit Ihnen nicht mehr als dieser Betrag und gegebenenfalls das Trinkgeld abgezogen werden kann. Füllen Sie hierfür das Formular vollständig aus, inklusive Trinkgeld, um sicherzustellen, dass kein weiterer Betrag hinzugefügt werden kann.

Seien Sie vorsichtig, wenn Sie mit der Kreditkarte im Internet bezahlen. Bestellen Sie nur bei bekannten Firmen mit einem guten Ruf. Überprüfen Sie, dass die Seiten sicher sind, und notieren Sie sich die URL-Adresse, die eher mit https:// als mit http:// beginnt.

SICHERHEITSTIPP

HANDTASCHE SICHERN Hängen Sie in einem Café die Handtasche nicht an die Rücklehne eines Stuhles. Halten Sie diese auf dem Schoß oder zwischen Ihren Füßen, mit einen Fuß im Trageriemen. Wenn Sie auf die Toilette gehen, nehmen Sie die Tasche mit und hängen Sie diese so auf, dass sie nicht gestohlen werden kann.

Halten Sie die Handtasche nicht krampfhaft fest, wenn ein Angreifer diese zu rauben versucht. Sie könnten dabei verletzt werden.

Aufmerksam in allen Lebenslagen

Die meisten Menschen wissen sich in ungewohnten Umgebungen wachsam zu verhalten. Doch auch in alltäglichen Situationen ist es wichtig, geistesgegenwärtig zu sein. Auf dem Heimweg von der Arbeit mögen Sie müde und nur auf das Nachhausekommen konzentriert sein. Dennoch, seien Sie auf der Hut. Suchen Sie auch auf Ihren gewohnten Wegen nach sicheren Orten, wie Restaurants, Läden oder Plätzen, wo Sie andere Menschen um Hilfe bitten können.

Sicher einkaufen

Mit Einkaufstüten überladen, können Sie leicht zu einem Ziel für Diebe werden. Versuchen Sie nicht mehr zu tragen, als sich mit einer Hand tragen lässt. Wollen Sie mehrere Einkäufe tätigen, bringen Sie die Tüten zunächst ins Auto. Die Parkplätze von Supermärkten bergen Risiken, weil Sie beim Verstauen der Einkäufe ins Auto oft abgelenkt sind. Versuchen Sie, wenn Sie allein sind, das Fahrzeug so nah wie möglich am Geschäft zu parken, und haben Sie viel zu tragen, bitten Sie jemanden vom Personal, Ihnen dabei zu helfen. Vermeiden Sie, in mehrstöckigen Parkhäusern mit einzelnen Männern den Aufzug oder abgelegene Treppen zu benutzen.

Sicher Sport treiben

Joggen und Walking sind hervorragend geeignet, um fit zu bleiben. Aber wie bei allen Routineangelegenheiten ist es schwierig, dabei aufmerksam zu bleiben. Stellen Sie sicher:

- **AUFMERKSAM SEIN** Laufen oder gehen Sie nie mit einem Walkman.
- **SICHERE ZEITEN** Wenn möglich joggen und walken Sie bei Tageslicht, wenn auch andere Menschen unterwegs sind.
- **GEGEN DIE VERKEHRSRICHTUNG** Auf der Straße sollen Sie gegen die Verkehrsrichtung laufen, damit Sie herannahende Autos erkennen können.

Außer Haus wachsam sein

Wenn Sie mit Kindern in den Park oder an den Strand gehen, bleiben Sie in belebten Bereichen und achten Sie darauf, was andere Mütter tun – wenn diese gehen, gehen Sie auch. Vergewissern Sie sich, dass Ihre Kinder die Regeln beachten und nicht mit Fremden sprechen. Behalten Sie Ihre Wertgegenstände im Blick. Benutzen Sie Ihre Handtasche beim Sonnenbaden als Kissen und sorgen Sie dafür, dass jemand bei Ihren Dingen bleibt, wenn Sie aufstehen.

WERTGEGENSTÄNDE

Wenn Sie ausgehen, führen Sie keine unnötigen Wertgegenstände mit sich. Achten Sie insbesondere auf:

- ☐ **Mobiltelefon** Speichern Sie die Nummern, die Sie im Notfall brauchen, auch Ihre Festnetznummer.
- ☐ **Notfallnummern** Notieren Sie die Hotlines für die Kreditkarten und tragen Sie diese separat von Karten und Mobiltelefon bei sich.
- ☐ **Identitätsnachweis** Tragen Sie einen Ausweis bei sich, für den Fall, dass Ihnen die Brieftasche gestohlen wird und Sie Ihre Identität nachweisen müssen.
- ☐ **Schlüssel** Halten Sie den Haustürschlüssel in der Hand oder stecken ihn in die Jackentasche – nicht in die Handtasche! Bewahren Sie diese Schlüssel getrennt von allem auf, was Ihre Adresse enthält.
- ☐ **Kleingeld** Stecken Sie einige Münzen oder eine Telefonkarte in die Tasche, für den Fall, dass Sie einen Notruf tätigen müssen.
- ☐ **Brieftasche und Portmonee** Tragen Sie nur wenig Bargeld und nur wenige Karten bei sich. Bewahren Sie Geld in einer Innen- oder Fronttasche auf, die für Taschendiebe nicht so leicht zugänglich ist.

Sicheres Verhalten am Abend

Wenn Sie abends mit Freunden ausgehen, wollen Sie Spaß haben. Dennoch müssen Sie auch dann auf Diebe oder Angreifer gefasst sein. Selbst wenn Sie im Kino Ihre Handtasche neben sich stellen, kann dies im Schutze der Dunkelheit eine günstige Gelegenheit für Diebe sein. Die entspannte Atmosphäre in Bars oder Clubs kann Sie in Sicherheit wiegen. Das gesellige Umfeld in Verbindung mit Alkoholgenuss kann Sie dazu verleiten, Ihre Zurückhaltung zu verlieren und mit Fremden offener zu sprechen. Denken Sie auch daran, dass Alkohol Sie oder andere zugänglicher, leichter erregbar oder aggressiver als normal machen kann. Das kann rasch zu verbalen oder körperlichen Auseinandersetzungen führen. Der Heimweg kann Sie verwundbarer für Angriffe machen, wenn Sie nicht gut vorbereitet sind. Das gilt insbesondere nachts auf leeren Straßen. Um sicherzustellen, dass Ihre nächtlichen Unternehmungen problemlos und sicher verlaufen, müssen Sie auf Ihr eigenes Verhalten achten und mit allen Sinnen wachsam sein.

Vorsicht mit Fremden

Wenn Sie mit jemandem ins Gespräch kommen und das nicht fortsetzen wollen, sollten Sie immer einen Ausweg parat haben. Sie müssen nicht grob sein, aber eine Notlüge kann helfen wie: »Tut mir Leid, jemand wartet auf mich.« Werden Sie tatsächlich belästigt, wenden Sie sich ab und lassen Sie sich nicht in ein Gespräch verwickeln. Gehen

Bleiben Sie in der Nähe Ihrer Freunde (rechts) Sollten Sie tanzen oder mit jemandem reden wollen, halten Sie Blickkontakt zu Ihren Freunden.

Lassen Sie die Wertsachen nicht aus den Augen (gegenüber) – Gelegenheit macht Diebe. Behalten Sie Wertsachen in der Hand, in einer Tasche oder der Handtasche auf Ihrem Schoß.

Sie auf keinen Fall allein auf die Toilette, da man Ihnen dorthin folgen kann.

Selbst wenn es heißt, ein Fremder ist nur ein Freund, den man noch nicht kennt, seien Sie zurückhaltend mit neuen Freunden, insbesondere in Bars oder Clubs.

Seien Sie vorsichtig mit der Weitergabe persönlicher Daten, wie Ihrem Familiennamen oder der Telefonnummer. Selbst wenn Ihre Freunde alles dies von einem Ihnen Unbekannten wissen, ist das keine Garantie. Falls Sie sich entscheiden, jemanden noch einmal zu sehen, bitten Sie ihn um seine Telefonnummer und verabreden Sie ein Treffen bei Tag an einem öffentlichen Ort.

BEISAMMENBLEIBEN

Das Sicherheitsgefühl in der Gruppe ist in Bars oder Clubs besonders wichtig. Gleich, wo Sie sind, am sichersten ist es, in der Gruppe zu bleiben. Hier einige Tipps:

- ☐ **Im Voraus planen** Denken Sie darüber nach, wie Sie nach Hause kommen: Taxi vorbestellen oder eine Mitfahrgelegenheit mit einem Freund oder Angehörigen arrangieren.
- ☐ **Treffpunkte vereinbaren** Verabreden Sie einen genauen Treffpunkt. Sollten Sie sich verspäten, rufen Sie an. Falls Sie während des Abends getrennt werden, legen Sie weitere Orte und Zeiten für den Verlauf des Abends oder die Heimkehr fest. Vereinbaren Sie Treffpunkte nahe dem Sicherheitspersonal, damit niemand alleine wartet.
- ☐ **Wertgegenstände sichern** Zu den Vorzügen, mit anderen zusammen zu sein, gehört, dass man gemeinsam leichter den Überblick behält. Achten Sie auf Handtaschen, Mäntel und Wertgegenstände der anderen.
- ☐ **Beisammenbleiben** Gemeinsam zur Toilette zu gehen muss nicht immer gerade angenehm sein, ist aber sicher.
- ☐ **Aufmerksam bleiben** Lassen Sie sich nicht vom Gruppenverhalten beeinflussen. Nutzen Sie Ihren gesunden Menschenverstand und lassen Sie sich nicht überreden, etwas zu machen, was Sie sonst nicht tun würden.
- ☐ **Übermütig werden** Wird einer aus Ihrer Gruppe von einem Fremden belästigt, rufen Sie ihm etwas zu, damit der Fremde weiß, dass dieser nicht alleine ist und das Gespräch beenden kann. Sollte ein Freund angetrunken sein, seien Sie darauf vorbereitet, ihn nach Hause zu bringen.
- ☐ **Gemeinsam aufbrechen** Sagen Sie allen Bescheid, wann Sie gehen wollen. Stellen Sie sicher, dass alle gut nach Hause kommen. Bleiben Sie über Nacht bei Freunden, wenn Sie Bedenken haben, alleine nach Hause zu gehen – am nächsten Morgen sind sie aufmerksamer und daher sicherer. Lassen Sie nie einen Freund zurück.

Auseinandersetzungen vermeiden

Hinlänglich bekannt und statistisch belegt ist, dass Alkohol bei Straftaten eine maßgebliche Rolle spielt – etwa bei 50 Prozent der Straßenkriminalität und bis zu 85 Prozent bei Straftaten in Kneipen und Bars. Wo Alkohol getrunken wird, kommt es leicht zu Handgreiflichkeiten. Denn Alkohol beeinflusst die Gefühle sowie Verhaltensweisen und ruft daher impulsives Verhalten hervor, führt zu Fehleinschätzungen und zu erhöhter Aggressivität.

Aus diesem Grunde sollten Sie in Gaststätten besonders auf das Verhalten anderer achten. Wenn Sie jemanden anrempeln oder angerempelt werden, entschuldigen Sie sich, falls erforderlich, und gehen Sie Ihres Wegs. Ärgern Sie sich über einen anderen, kontrollieren Sie Ihren Zorn und lassen Sie sich nicht auf verbale Auseinandersetzungen ein. Belästigt der andere Sie oder Ihre Freunde weiterhin, lassen Sie ihn einfach stehen. Versuchen Sie aus der verbalen keine körperliche Auseinandersetzung werden zu lassen: Lassen Sie sich gegebenenfalls vom Personal oder vom Sicherheitsdienst helfen.

Gemeinsam nach Hause gehen Vergewissern Sie sich, dass Sie mit guten Freunden nach Hause fahren. Wenn diese alleine weiterfahren, bitten Sie um einen Anruf, wenn sie zu Hause angekommen sind.

Kommt es in Ihrer Nähe zu einem Kampf, können Sie am besten helfen, indem Sie den Sicherheitsdienst alarmieren. Mischen Sie sich nicht ein! Sie könnten verletzt werden oder den Rauswurf riskieren.

Falls Sie befürchten, dass der Störenfried vor der Tür auf Sie wartet, bleiben Sie drinnen und rufen ein Taxi. Trifft dieses ein, bitten Sie das Sicherheitspersonal, Sie zum Taxi zu begleiten. Das mag eine Verzögerung verursachen, doch das sollte Ihnen der Friede wert sein. Denken Sie an die gute alte Regel, am Ende eines Abends gleich nach

Auf die Getränke achten Wenn Sie sich von Ihrem Glas oder der Flasche entfernen müssen, sorgen Sie dafür, dass jemand, dem Sie vertrauen, darauf achtet. Bestellen Sie gegebenenfalls neu.

Hause zu gehen. Halten Sie sich nicht zu lange vor Bars oder Clubs auf, denn dort finden die meisten Auseinandersetzungen statt.

Auf das Getränkeglas achten

Schon seit langem werden Opfer sexueller Übergriffe unter Alkohol und Drogen gesetzt. Die letzten zehn Jahre zeitigten eine neue Sensibilität für die so genannten K.-o.-Tropfen. Aus der Presse kennen Sie vielleicht Drogen wie Rohypnol und Gamma-Hydroxybutyrate (GHB). Rohypnol ist eine starkes, verschreibungspflichtiges Schlafmittel. GHB wurde früher von Bodybuildern benutzt, um Muskelmasse aufzubauen, und hat ähnliche Nebeneffekte. Der Besitz ist nicht strafbar.

Diese Drogen werden wegen folgender Wirkungen von Sexualtätern benutzt. Jeder Mensch reagiert individuell; zu den möglichen Wirkungen gehören jedoch Schwindelgefühle, Verwirrung, Koordinationsverlust, Schläfrigkeit und Verlust des Erinnerungsvermögens. Häufig sind diese Drogen farb-, geruchs- und geschmacklos. Daher können Sie nicht vorsichtig genug sein. Schützen Sie sich wie folgt:

- **DRINKS SELBER HOLEN** Nehmen Sie keine Getränke von Fremden an, außer wenn Sie mit an die Bar gehen und sehen, was eingeschenkt wird.
- **NICHT MITTRINKEN** Teilen Sie Ihren Drink mit niemandem, den Sie nicht gut kennen. Meiden Sie Mixgetränke auf Partys.
- **SICHERE ORTE** Verspüren Sie eines der genannten Symptome oder fühlen Sie sich seltsam, wenden Sie sich an einen Freund oder das Sicherheitspersonal, um an einen sicheren Ort zu gelangen. Verständigen Sie die Polizei. Sichern Sie das Glas als Beweismittel.

- **AUFMERKSAMKEIT** Achten Sie auf die Verhaltensweisen Ihrer Freunde. Wenn sich jemand krank fühlt, bleiben Sie bei ihm und bringen Sie ihn in Sicherheit. Reden Sie mit dem Personal. Rufen Sie, falls erforderlich, einen Krankenwagen und stellen Sie das Glas sicher.

Vorsicht beim Essen außer Haus

Mit das Schlimmste, was einem in der Öffentlichkeit widerfahren kann, abgesehen von dem Verhalten anderer, sind Lebensmittelvergiftungen. Verhindern Sie Magenverstimmungen und ernstere Erkrankungen, indem Sie einige Vorkehrungen treffen. Wählen Sie, wenn möglich, nur renommierte Restaurants aus. Prüfen Sie den äußeren Zustand des Lokals. Sind Fußboden, Tisch und Geschirr usw. sauber? Sehen die Köche und das Personal gepflegt aus? Tragen Sie saubere Kleidung? Sind die Speisen durchgegart? Wenn Sie eine Lebensmittelvergiftung haben, informieren Sie das Restaurant oder machen Sie eine formale Beschwerde bei den entsprechenden Behörden.

Sicherheit in öffentlichen Verkehrsmitteln

In öffentlichen Verkehrsmitteln glauben Verkehrsteilnehmer aller Altersgruppen sicher zu sein. Die Fahrt setzt Sie jedoch außerhalb der relativ sicheren Umgebung des Autos oder des Zuhauses der Gefahr von Verletzung aus. Aus diesem Grund sollten Sie in dieser Zeit auch ständig wachsam, umsichtig und aufmerksam sein.

Aufmerksamkeit in Bussen und Zügen

Aus einer Reihe von Gründen ist das Fahren mit Bus, Fern- und U-Bahn oder S-Bahn risikoreich: Diese sind oft überfüllt. Sie sind, wenn Sie die Fahrkarte lösen, abgelenkt und nach einem Arbeitstag müde. Aus diesen und anderen Gründen sollten Sie stets für alles gewappnet sein.

Sichere Warteplätze

Wenn Sie auf Ihren Anschluss warten, halten Sie sich an gut beleuchteten Orten und an Bahnsteigen in der Nähe des Ausgangs auf. Sind Sie an dem Ende des Bahnsteigs, der keinen Eingang oder Ausgang hat, sitzen Sie in der Falle, wenn etwas passiert. Stehen Sie nie zu nahe am Bahnsteigrand, besonders zu Hauptverkehrszeiten.

Nicht alleine bleiben

Die meisten von uns sitzen nachts ungern alleine im Abteil. Das gilt auch am Tage. Versuchen Sie, in der Nähe von gemischten Gruppen zu sitzen, und meiden Sie allein reisende Männer oder große, polternde Gruppen. Suchen Sie auch nach der nächsten Notbremse. Im Notfall ziehen Sie mehrfach daran. Am wichtigsten: Bleiben Sie wach!

Verdächtige Gepäckstücke

Wenn Sie ein herrenloses Gepäckstück sehen, reagieren Sie schnell. Auf den Bahnhöfen finden Sie Personal, dass die erforderlichen Maßnahmen

Fahrzeiten kennen Minimieren Sie die Wartenzeiten und kommen Sie erst kurz vor der Abfahrt. Andere Menschen werden schon da sein, wenn Sie kommen.

In Fahrernähe sitzen Der Fahrer kann gegebenenfalls die Polizei verständigen, wenn es Ärger gibt.

unternimmt. Sind Sie auf der Straße, alarmieren Sie die Polizei. Halten Sie sich von dem Gegenstand fern und benutzen Sie nicht das Mobiltelefon. Funkwellen können Explosionen auslösen.

Ein Taxi rufen

Das Taxifahren ist in vieler Hinsicht sehr sicher. Im Unterschied zu öffentlichen Verkehrsformen gibt es dort keine anderen Passagiere, die Sie angreifen könnten, und Sie werden bis zur Haustür gebracht. Das ist bei Nacht besonders wichtig. Seien bei der Wahl der Taxi vorsichtig.

Vorausschauend planen

Gehen Sie abends aus, nehmen Sie die Telefonnummer einer renommierten Taxigesellschaft mit – ist Ihnen keine bekannt, erkundigen Sie sich nach einer. Wenn Sie befürchten, am Ende des Abends nicht mehr genügend Geld zu haben, stecken Sie, bevor Sie ausgehen, einen für die Heimfahrt ausreichenden Betrag getrennt von dem Bargeld in eine Tasche.

Taxi bestellen

Wenn Sie keine Nummer eines Taxiunternehmens kennen, fragen Sie das Personal im Restaurant, der Bar oder im Kino. Bestellen Sie selber ein Taxi, lassen Sie niemanden mithören. Es könnte sein, dass jemand mit seinem eigenen Fahrzeug vorgibt, ein Taxifahrer zu sein. Fragen Sie die Taxifirma nach dem Namen des Fahrers und dem Aussehen des Fahrzeugs. Geben Sie selbst nicht zu viele Informationen preis – Vor- sowie Nachname und Straßenname reichen aus.

Fahrer prüfen

Bevor Sie in das Taxi steigen, gleich, ob bestellt oder auf der Straße herbeigerufen, lassen Sie sich den Ausweis des Fahrers und das Funkgerät zeigen. Erscheint Ihnen etwas verdächtig, lassen Sie sich Name und Telefonnummer des Taxiunternehmens geben, damit Sie die Angaben gegebenenfalls überprüfen können. Nehmen Sie auf dem Rücksitz Platz und geben Sie in einer Unterhaltung nichts Persönliches preis.

Seien Sie wachsam, damit Sie sehen, wohin Sie gefahren werden. Halten Sie das Mobiltelefon bereit, damit Sie Hilfe herbeiholen können.

Sicher fahren

Sicherheitsabstand einhalten Kalkulieren Sie einen Sicherheitsabstand von ca. 15 km pro Stunde pro Fahrzeuglänge ein. Bei schwierigen Verhältnissen oder hoher Geschwindigkeit verdoppeln Sie den Abstand.

Das Auto kann Ihnen ein gutes Gefühl von Sicherheit und Unabhängigkeit geben. Sie bestimmen das Wo und Wann und ob Sie jemanden mitnehmen. Sie können die Türen verriegeln, andere ausschließen und eine Fahrt unternehmen, ohne mit einem anderen in Kontakt zu kommen. Unglücklicherweise kann die Art, wie wir fahren, zu Übergriffen führen – wie die Zunahme von Rowdytum im Straßenverkehr der letzten Jahre zeigt. Auch wenn Sie das Handeln anderer Personen nicht kontrollieren können, vermögen Sie viel zu tun, um sowohl Konflikte wie auch Unfälle auf der Straße zu vermeiden.

Unfälle vermeiden

Laut Statistiken gibt es in der Bundesrepublik im Jahr fast 7000 Verkehrstote. Dennoch glauben viele von uns, dass kein Unfall passiert. Ein verkehrssicheres Fahrzeug und defensives Fahren tragen dazu bei, Unfallrisiken zu minimieren.

Sicher fahren

Unfälle können aus den verschiedensten Gründen zu jeder Zeit an jedem Ort geschehen. Der beste Weg, mit dem Unvorhersehbaren umzugehen, ist defensives Fahren – das Vorwegnehmen von Problemen und auf sie vorbereitet zu sein. Verhalten Sie sich umsichtig und verlangsamen Sie die Fahrt, wenn Sie an eine Kreuzung heranfahren oder wenn Kinder in der Nähe sind. Beachten Sie auch die folgenden Regeln:

- **KONZENTRATION** Vermeiden Sie alle Ablenkungen. Telefonieren Sie nie während der Fahrt. Müssen Sie eine Straßenkarte benutzen, halten Sie vorher an.
- **ANSCHNALLEN** Das Anlegen der Sicherheitsgurte kann Leben retten und ernsthafte Verletzungen verhindern. Daher ist davon auszugehen, dass nicht angeschnallte Passagiere auf den Rücksitzen viel häufiger verletzt werden oder zu Tode kommen als angeschnallte. Gesetzlich vorgeschrieben ist das Anlegen von Sicherheitsgurten auf den Vordersitzen und auf den Rücksitzen, soweit Gurte vorhanden sind.
- **AUFMERKSAM SEIN** Die Folge von übermüdeten Fahrern und so genanntem Sekundenschlaf sind Tote und Verletzte im Straßenverkehr. Übermüdung verursacht bei längeren Fahrten mit hoher Geschwindigkeit wahrscheinlich die meisten Probleme. Bei den ersten Anzeichen von Müdigkeit halten Sie an, machen Sie ein Nickerchen und trinken einen Kaffee. Wechseln Sie sich bei längeren Fahrten beim Fahren ab.
- **KINDER** Sind Sie mit Kindern unterwegs, versuchen Sie diese möglichst zu disziplinieren und sorgen Sie dafür, dass Sie auch bei kurzen

Sicherheitsgurt korrekt anlegen Den unteren Teil des Gurtes nicht über den Magen, sondern möglichst tief und fest über die Hüften und den oberen Teil über die Schulter und nicht über den Arm legen.

Fahrten angeschnallt sind. Haben Sie Kindersitze, achten Sie auf die richtige Größe für das Kind sowie auf ein Prüfzeichen. Fragen Sie gegebenenfalls bei der Polizei nach, ob diese ordentlich angebracht sind.

- **VERANTWORTUNG ÜBERNEHMEN** Sicherheitsvorrichtungen wie Airbags und Antiblockiersysteme können Leben retten. Dennoch ist der technische Fortschritt keine Alternative zum sicheren Fahren. In der Tat hat sich bei entsprechenden Tests ergeben, dass derartige Vorrichtungen »Risikoverhalten« zu fördern scheinen. Das bedeutet, Fahrer neigen dazu, sich am Steuer von gut ausgerüsteten Autos eher entspannt zu verhalten und Risiken einzugehen.

Straßenrowdytum und Übergriffe

Wie jüngste Umfragen ergaben, gestehen mehr als 60 Prozent der Kraftfahrer ein, hinterm Steuer bereits die Kontrolle über sich verloren zu haben. Glücklicherweise steigern sich nur wenige Menschen in Wut hinein. Einige jedoch geraten in Jähzorn, der sie aggressiv und gefährlich fahren lässt und sogar dazu bringt, andere Fahrer anzugreifen. Schützen Sie sich dagegen, indem Sie Ihren Zorn kontrollieren und besänftigen Sie andere.

Von anderen Fahrern gestresst zu werden, bedeutet, dass man leichter in Auseinandersetzungen verwickelt wird. Ärgern Sie sich nicht, wenn ein anderer langsamer fährt. Planen Sie immer Zeit für die Fahrten ein. Regen Sie sich über einen anderen Fahrer auf, schreien und gestikulieren Sie nicht und vermeiden Sie den Blickkontakt, da das als persönliche Herausforderung gesehen werden kann. Atmen Sie stattdessen kräftig durch und versuchen Sie sich zu beruhigen. Hören Sie besänftigende Musik, wenn Sie das entspannt.

Achten Sie immer auf andere Fahrer. Fahren Sie nicht zu dicht auf, und fährt ein anderer zu dicht auf Ihr Fahrzeug auf, lassen Sie ihn überholen. Vergewissern Sie sich, dass Sie rechtzeitig anzeigen, wenn Sie die Fahrtrichtung wechseln oder wenden und machen Sie das nicht abrupt. Wenn Sie einen anderen Fahrer unbeabsichtigt schneiden, entschuldigen Sie sich am besten mit Handzeichen.

Falls es dazu kommt, dass Sie durch den aggressiven Fahrstil eines anderen belästigt werden, halten Sie nie an. Fahren Sie zur nächsten Tankstelle und verständigen Sie die Polizei.

SICHERHEITSTIPP

NICHT TRINKEN UND FAHREN Fahren Sie nicht mit jemandem, der etwas getrunken hat. Statistisch erwiesen ist, dass bei jedem siebten Verkehrstoten angetrunkene Fahrer beteiligt sind. Wenn Sie vermuten, dass ein anderer Fahrer betrunken ist, greifen Sie nicht ein. Rufen Sie die Polizei und nennen Sie das Kennzeichen.

Umgang mit Pannen

Wenn Sie Probleme mit dem Fahrzeug haben und anhalten müssen, fahren Sie an den Straßenrand, bleiben Sie jedoch im Auto. Rufen Sie mit dem Mobiltelefon Hilfe herbei. Müssen Sie aussteigen, um Hilfe zu holen, verschließen Sie die Türen, auch wenn der Motor nicht mehr funktioniert. Rufen Sie den Pannendienst, teilen Sie mit, ob Sie eine Frau ohne Begleitung oder mit Kindern unterwegs sind, damit Sie nach vorn auf die Prioritätsliste kommen. Es lohnt sich immer, wie vorgeschrieben ein Warndreieck aufzustellen, das anderen Fahrern signalisiert, dass ein Fahrzeug im Weg steht. Stellen Sie es mindestens 50 Meter hinter dem Fahrzeug auf. Bleiben Sie beim Fahrzeug, bis der Pannendienst eintrifft. Verriegeln Sie alle Türen und Fenster und öffnen Sie diese auch dann nicht, wenn Ihnen jemand Hilfe anbietet. Lehnen Sie dankend ab und sagen Sie, Sie warten auf die Polizei.

»CARJACKING« VERHINDERN

Auch wenn »Carjacking« noch immer relativ selten ist, lassen die Zahlen der Polizei jedoch ein Ansteigen vermuten. Verringern Sie Ihr Risiko wie folgt:

- ☐ **Aufmerksamkeit** Wenn Sie zum Auto gehen, achten Sie auf Menschen in der Nähe.
- ☐ **Schlüssel bereit halten** Halten Sie die Autoschlüssel in der Hand, um keine Zeit zu vergeuden, wenn Sie die Türen entriegeln, um einzusteigen.
- ☐ **Türen schließen** Gewöhnen Sie sich an, die Fahrzeugtür sofort nach dem Einsteigen zu verschließen, auch wenn Sie nicht allein sind.
- ☐ **Vorsicht beim Parken** Überprüfen Sie die Umgebung, bevor Sie aus dem Auto steigen und achten Sie auf Menschen, die sich auffällig benehmen.
- ☐ **Raum zum Manövrieren** Wenn der Verkehr zum Stehen kommt, lassen Sie immer genug Platz zum davor stehenden Fahrzeug, damit Sie es umfahren können. Lassen Sie sich nicht »einklemmen«. Nähert sich Ihnen ein Fremder, öffnen Sie weder Tür noch Fenster.
- ☐ **Aktiv handeln** Tritt jemand zu nah an Ihr Auto, hupen Sie, um Hilfe zu holen. Werden Sie jedoch mit einer Waffe bedroht, verlassen Sie das Auto und entfernen Sie sich schnell.

Was Sie mitführen müssen

Gut vorbereitet zu sein ist entscheidend bei einer Panne. Die wichtigsten Gegenstände, die sich im Auto befinden sollten, sind ein Mobiltelefon, eine Decke und Taschenlampe. Darüber hinaus ist ein Werkzeugset mit Kombizange, Schraubenschlüssel, Wagenheber, Sicherungen, Scheinwerferbirnen, selbstklebendem PVC-Isolierband, dünnem Draht, Starthilfekabel und einem Ersatzreifen wichtig. Führen Sie einen gut sortierten Erste-Hilfe-Kasten im Auto und beschaffen Sie sich einen Feuerlöscher, sollten Sie noch keinen

haben. Mit diesem lassen sich kleine Feuer löschen. Kommt es jedoch zu einem Motorbrand oder einem Feuer, das sich ausbreiten könnte – nichts wie weg vom Auto! Es besteht für Sie und Ihre Mitfahrer Lebensgefahr.

Diebstahl vorbeugen

Auch wenn die Zahl der Diebstähle von Kraftfahrzeugen abnimmt, so werden noch immer etwa 70 000 Fahrzeuge jährlich gestohlen. Diese Straftaten kosten die Opfer Zeit und Geld und führen letztlich zur Steigerung der Versicherungsprämien.

Erleichtern Sie den Dieben nicht die Arbeit! Sie sollten Ihr Fahrzeug sowohl verschließen als auch an gut beleuchteten Plätzen abstellen. Schlagen Sie beim Parken die Räder zum Bordstein ein, um so zu verhindern, dass Diebe das Auto wegrollen.

Notieren Sie sich zu Hause die Fahrzeugidentifikationsnummer (siehe KFZ-Schein). Anhand dieser Nummer kann die Polizei das Kraftfahrzeug, wenn es nach einem Diebstahl sichergestellt wird, identifizieren.

Nicht anhalten

Es gibt sehr unterschiedliche Situationen, in denen man Sie dazu bringen will, anzuhalten. Das erste Gebot lautet: Nicht anhalten. Das liegt bei Anhaltern auf der Hand, gilt jedoch ebenso bei Pannen oder Unfällen. Ein Trick von »Carjacking« ist, eine Reifenpanne vorzutäuschen. Selbst wenn Sie einen Unfall sehen, halten Sie nicht gleich an. Suchen Sie eine sichere Möglichkeit zum Anhalten und holen Sie per Telefon Hilfe.

Fährt jemand hinten auf Ihr Auto, seien Sie auf der Hut. Denn das ist ein weiterer bekannter Trick der »Carjacking«. Halten Sie an, aber steigen Sie nicht aus. Lassen Sie den anderen Fahrer herankommen. Halten Sie die Türen verriegelt und öffnen Sie das Fenster einen kleinen Spalt, um mit ihm sprechen zu können. Lassen Sie den ersten Gang eingelegt, um gegebenenfalls rasch wegfahren zu können. Informieren Sie in einem solchen Fall sofort die Polizei über den Vorfall.

Abschreckung Abnehmbare Bedienleiste (gegenüber) oder Lenkradverriegelungen (links) kann Gelegenheitsdiebe abschrecken. Über die Diebstahlsicherungen des Herstellers hinaus können Sie selbst weitere installieren. Denken Sie an Vorkehrungen wie Alarmanlagen, Ortungssysteme, elektronische Wegfahrsperre, Lenkradkralle, Parkkralle, verschließbare Tankdeckel und abschließbare Radmuttern. Sie erhalten diese Sicherungsmöglichkeiten bei den meisten Firmen für Autozubehör.

Verhalten bei Angriffen

Straßenraub bedeutet nicht nur den Verlust von Eigentum, sondern kann auch zu Verletzungen und beim Opfer zu traumatischen Störungen führen. Haben Sie die zuvor geschilderten Vorkehrungen getroffen, reduzieren Sie das Risiko, überfallen zu werden. Wenn Sie sich vergegenwärtigen, was vor und während eines Angriffs geschieht, können Sie Ihre Ängste, Opfer zu werden, reduzieren und sollten Sie doch überfallen werden, können Sie sich richtig verhalten.

Aspekte der Straßenkriminalität

Typischerweise sind Straßenräuber Jugendliche oder junge Erwachsene, die Menschen wegen deren Besitztümer oder Geld angreifen. Um das zu besitzen, stehlen Sie es. Manche Räuber sind drogenabhängig und das gestohlene Geld ist nur Mittel zum Zweck (Beschaffungskriminalität). Viele Täter gehören zu Banden oder arbeiten für welche, daher sind gegenseitiges Imponiergehabe, Nachahmung oder Dominanzverhalten zusätzliche Motivation.

In vielen Fällen geht es den Tätern nicht darum, die Opfer zu verletzen. Im Mittelpunkt der Tat steht nicht das Opfer, sondern dessen Besitz. Andererseits haben Räuber selten Mitleid mit ihren Opfern und halten diese womöglich für schwach und unterlegen. Sie rechtfertigen ihre Angriffe damit, dass das Opfer anders hätte reagieren sollen.

Opferrolle

Straßenräuber führen übereinstimmende Gründe für die Auswahl ihrer Opfer an. Weil der Täter selbst nicht verletzt werden will, sind Menschen, die wehrlos wirken, also Menschen, die sich nicht wehren oder den Angreifer verfolgen können, wie ältere Menschen oder Kinder die Opfer. Solche Räuber sind meist Gelegenheitstäter, denn sie greifen Menschen an, die etwas Wertvolles wie Schmuck, Brieftasche, Laptop oder Mobiltelefon zu haben scheinen. Gleichwohl: Geben Sie sich immer selbstbewusst, achten Sie auf Ihre Umgebung und verstecken Sie Wertgegenstände.

Reaktionen

In den meisten Fällen haben Sie nicht die Zeit, wohl überlegt zu entscheiden, und reagieren instinktiv. Gibt es keine Zeit zum Nachdenken, sollten Sie die sechs Regeln (s. Seite 52–53) befolgen. Im Zweifelsfall übergeben Sie in Ruhe Ihr Eigen-

WAS GESCHIEHT, WENN …

STRASSENRAUB

Die meisten Täter wollen keinen Widerstand, was die Wahl ihrer Opfer bestimmt. Viele nutzen den Überraschungsmoment, indem sie von hinten auf das Opfer zulaufen und im Weiterrennen das schnappen, was sie haben wollen. Andere versuchen ihre Opfer lautstark verbal einzuschüchtern, physisch anzugreifen oder mit einer Waffe zu bedrohen. Das ist in den seltensten Fällen ein Angriff auf das Opfer als Person. Oft können sich die Täter an das Aussehen der Opfer nicht erinnern.

Treten die Täter in Gruppen auf, gehen sie meist etwas anders vor. So kann der eine versuchen das Opfer abzulenken, während der andere ihm das entreißt, was er haben will. Oder sie umringen das Opfer und bringen es durch Angst und Schrecken dazu, ihnen seine Wertgegenstände zu geben.

Angreifer nutzen den Überraschungsmoment Wenden Sie sich ihm deshalb zu, um den Angriff abzuwehren.

tum, um so Gewalttätigkeiten zu verhindern und so schnell wie möglich wegzukommen. Denken Sie daran, Ihre Gesundheit und Ihr Wohlbefinden sind weitaus wertvoller als jeglicher Besitz.

Nachwirkungen eines Angriffs

Opfer eines Straßenraubs haben oft Angst, darüber zu berichten. Häufig denken Sie, das mache keinen Sinn, weil die Kriminellen letztlich doch davonkommen. Sie sollten Verbrechen jedoch immer melden, auch wenn Sie nicht verletzt wurden. Solche Täter neigen dazu, in ihrem »Revier« zu bleiben, und einige sind der Polizei bereits bekannt. Ihre Anzeige mag vielleicht das letzte Beweisstück für eine Verurteilung sein. Werden Ihnen die Schlüssel gestohlen, melden Sie das der Polizei, bevor Sie nach Hause gehen, denn der Räuber kann schon vor Ihnen dort sein.

Emotionale Reaktionen

Jeder Überfall, auch der versuchte, gleich, ob Sie verletzt wurden oder nicht, wirkt sich aus:

- **WUT** Dass es ausgerechnet Sie getroffen hat und der Kriminelle davonkommen könnte, kann sehr frustrierend sein und sogar Rachegefühle hervorrufen.
- **ANGST** Sie können Ihr Selbstvertrauen, sich selbst zu schützen, verlieren und Angst vor Wiederholung haben.
- **MISSTRAUEN** Sie werden misstrauischer gegenüber anderen Menschen, gleich, ob Fremde, die Polizei, die eigene Familie oder Freunde.
- **ISOLATION** Wenn Sie niemanden kennen, dem Ähnliches widerfahren ist, kann dies zu einem Gefühl der Isolation führen.
- **SCHAM** Sie können sich ärgern, dass Sie zum Opfer wurden, den Angriff nicht abgewehrt und keine Selbstverteidigung angewandt haben.

Entscheidend ist, dass jeder derartige Erfahrungen anders verarbeitet. Noch lange danach ist es nicht ungewöhnlich, unter Symptomen von Depressionen wie Schlaflosigkeit, Irritation, sich Zurückziehen zu leiden. Sie können gleich nach dem Angriff den Wunsch haben, entweder ständig oder überhaupt nicht darüber zu sprechen. Es gibt Möglichkeiten, sich selbst zu helfen. Die Anzeige der Straftat ist der erste Schritt. Danach hilft vernünftige Ernährung, mäßiger Alkoholgenuss und ausreichend körperliche Betätigung und Erholung.

Professionelle Hilfe

Auch wenn Sie im täglichen Leben selbstbewusst und selbstbestimmt sind, sollten Sie akzeptieren, dass Überfälle nichts Gewöhnliches sind. Wenn Sie nicht richtig damit umgehen und Ihre Gefühle sich auf Arbeit, Familie und Beziehungen auswirken, finden Sie Hilfe bei örtlichen Selbsthilfegruppen. Diese können Sie in Ihrem Selbstwertgefühl unterstützen und rechtlich beraten. Fragen Sie Ihren Arzt oder die Polizei nach Kontaktadressen.

Verhalten bei Vergewaltigung

Laut dem Bundesministeriums des Inneren wurden im Jahre 2002 folgende Tendenzen bei Vergewaltigungen beobachtet. Bei fast einem Drittel der registrierten Opfer fehlte eine Vorbeziehung zum Tatverdächtigen oder blieb ungeklärt. Bei jeder zweiten Vergewaltigung oder schwerer sexueller Nötigung wurden Bekannte als Tatverdächtige oder flüchtige Vorbeziehungen zu demselben festgestellt. Verwandtschaftliche Beziehungen einschließlich Ehe bestanden in 18,4 Prozent der angezeigten Fälle. Die Dunkelziffer ist sehr groß, da die meisten Vergewaltigungen aus Scham nicht angezeigt werden. Wie man sich wehren kann, wird nachfolgend dargelegt. Hier geht es darum, mit der Tat selbst und den Folgen umzugehen.

Was bedeutet dieses Verbrechen?

Vergewaltigung, also einen anderen Menschen zu sexuellen Handlungen zu zwingen, ist ein Verbrechen. Die legale Definition lautet: die nicht einverständliche Penetration von Vagina oder Anus mit dem Penis. Sexuelle Nötigung umfasst eine große Bandbreite von Übergriffen. Dazu gehören zum Beispiel die Penetration von Vagina oder Anus mit Gegenständen sowie oraler Geschlechtsverkehr und Anfassen der Genitalien. Zu den Druckmitteln sexueller Delikte zählen Gewalt, die Drohung, Gewalt einzusetzen, und die Angst des Opfers vor Verletzung der eigenen oder einer anderen Person.

Der Missbrauch Widerstandsunfähiger ist ebenfalls ein Verbrechen, weil die Person nicht zustimmen kann, da sie zum Beispiel schläft oder unter dem Einfluss von Drogen oder Alkohol steht. Männer wie Frauen können Opfer von Vergewaltigung und sexueller Nötigung sein. Eine andere Kategorie sexueller Übergriffe umfasst Geschlechtsverkehr oder andere Formen sexueller Kontakte mit Kindern unter 16 Jahren – bzw. 18 Jahren bei homosexuellen Beziehungen. Der Tatbestand ist erfüllt, auch wenn das Opfer zustimmt.

SICHERHEITSTIPP

LASSEN SIE SICH NICHT WEGLOCKEN Wehren Sie sich mit allen Kräften, wenn ein Angreifer Sie in ein Auto, ein Gebäude oder eine Seitenstraße zerren will. Das entfernt Sie von anderen Menschen und gibt ihm Kontrolle über Sie und die Umgebung. Er kann den Tatort auch vorbereitet haben, um Sie zu fesseln oder Sie zu verletzen.

Vergewaltigung

Zufällige Angriffe durch Fremde sind viel seltener als gemeinhin angenommen. Viele Quellen stimmen darin überein, dass die meisten sexuellen Übergriffe durch Bekannte des Opfers stattfinden. Die Täter können Freunde, Nachbarn, selbst Sozialarbeiter oder Lehrer sein. Die Taten können bei Verabredungen stattfinden und geschehen oft nicht beim ersten Treffen. Vergewaltigungen und schwere sexuelle Nötigungen können in jeder Situation stattfinden. Selbst ein Ehemann kann wegen sexueller Nötigung seiner Frau angeklagt werden. Derartige Angriffe hängen oft mit häuslicher Gewalt zusammen.

Schützen Sie sich selbst vor Übergriffen. Laden Sie niemanden zu sich nach Hause ein oder geben Sie ihm Ihre Adresse, bis Sie ihn gut kennen. Wenn jemand unerwünschte Annäherungsversuche macht, machen Sie ihm deutlich klar, dass Sie nicht interessiert sind. Wenn Sie ausgehen, trinken Sie nicht mehr, als Sie vertragen können, nehmen Sie keine Getränke von Fremden an und

lassen Sie das Getränk nicht unbeobachtet – einige K.-o.-Tropfen sind geschmack-, geruch- und farblos. Sie führen zu Gedächtnisverlust (s. Seite 25).

Tätermotivation

Aus Interviews mit Vergewaltigern ist bekannt, dass ihre primäre Motivation ist, äußere Kontrolle über andere zu gewinnen. Dieses Verbrechen hat nichts mit Verlangen, Leidenschaft oder Liebe zu tun. Viele Vergewaltiger haben ernsthafte psychische Probleme und wurden möglicherweise als Kinder missbraucht. Ihr Streben nach sexueller Dominanz äußert sich in Frauenhass oder andauernder Gewalt in Beziehungen. Diese latenten Probleme können unter Drogen und Alkohol verschärft werden.

Verhaltensregeln

Auch beim besten Bemühen um seine Sicherheit kann man angegriffen werden. Wenn Sie nicht wissen, wie man sich am besten bei derartigen Angriffen verhält, lesen Sie die folgenden Informationen. Sind Sie Opfer einer Vergewaltigung oder eines sexuellen Übergriffs geworden, können Ihnen die Erfahrungen anderer Opfer helfen.

Seien Sie vorsichtig bei neuen Bekanntschaften
Lassen Sie sich nicht nach Hause einladen. Nutzen Sie gegebenenfalls eine Ausrede und gehen Sie weg.

Unmittelbare Reaktion

Viele Menschen fragen sich, was sie bei einem sexuellen Übergriff tun würden oder sollten. Wie bei anderen Angriffen auch ist Ihre persönliche Reaktion schwer vorhersehbar. Diese hängt von Ihrer physischen und emotionalen Verfassung, der Situation und dem Verhalten des Angreifers ab. Nur Sie können diese Faktoren einschätzen, und entscheiden, welche Reaktion angemessen ist.

Behalten Sie immer die Grundprinzipen der Selbstverteidigung im Sinn (s. Seite 52). Unmittelbares Reagieren mit Schreien, Kreischen, Sich-Wehren und dem Einsatz von Selbstverteidigungstechniken geben Ihnen eine gute Chance, Hilfe zu holen. Es kann auch ausreichen, den Täter zu überzeugen, dass er Sie nur sehr schwer unter seine Kontrolle zwingen kann. Schock oder Angst können Sie zeitweilig lähmen – insbesondere wenn der Täter bewaffnet ist. Das bedeutet jedoch nicht, dass Sie keine anderen Möglichkeiten haben. Warten Sie den richtigen Moment ab.

Wenn der Täter sagt, er werde Sie nicht verletzen, wenn Sie nicht schreien oder Widerstand leisten, können Sie sich entscheiden, dass dies, besonders wenn er eine Waffe hat, der beste Weg zum Überleben ist. Bedenken Sie, dass Sie dann dem Täter trauen müssen, sein Wort nach der Tat zu halten. Darüber hinaus könnte er Sie verletzen, um Sie zu ängstigen und davon abzuschrecken, zur Polizei zu gehen. Zugegeben es besteht das Risiko, dass der Täter wütend und noch aggressiver wird, wenn Sie zurückschlagen. Wägen Sie dies gegen das Risiko, sich nicht zu wehren und dennoch verletzt zu werden, ab.

Trotzdem entscheiden sich viele Menschen, wenn sie vergewaltigt werden, dafür, sich nicht zu wehren, oder sie sind dazu nicht in der Lage, weil Sie von Angst gelähmt sind (Schreckstarre). Selbst wenn sie zurückschlagen, fragen sich viele Opfer, ob sie sich richtig verhalten haben oder sich noch mehr hätten wehren können. Fühlen Sie sich nicht schuldig, den Täter ermutigt oder »es zugelassen« zu haben. Die Schande gebührt dem Täter; Sie haben keine Schuld.

Anzeige bei der Polizei

Es gibt verschiedene Gründe, warum Menschen sexuelle Übergriffe nicht anzeigen. Dazu gehören Scham, Verlegenheit, Angst vor Rache oder der Glaube des Opfers, es habe etwas falsch gemacht. Wie auch immer, die Anzeige des Verbrechens hat auch gute Seiten. Sie vermittelt ein Gefühl von Gerechtigkeit, hilft den Menschen, sich sicherer

Richtig helfen

Wurde Ihr Freund, Partner oder ein Familienmitglied sexuellen Übergriffen ausgesetzt, ist Unterstützung das Wichtigste. Hier einige Möglichkeiten:

- Lassen Sie ihm Zeit. Zwingen Sie ihn nicht, mit Ihnen zu sprechen, und seien Sie geduldig. Die Bewältigung kann Jahre erfordern.
- Seien Sie einfühlsam und unvoreingenommen in Ihrer Hilfe. Glauben Sie ihm, was er sagt. Zwingen Sie ihm nicht ihre Meinung auf, seien Sie bereit für Gespräche.
- Helfen Sie ihm zu sehen, dass es nicht sein Fehler war und die Schande nur den Täter trifft.
- Helfen Sie bei einfachen Tätigkeiten wie der Hausarbeit, aber nur wenn dies gewünscht wird.
- Zeigen Sie dem Partner, dass er noch immer attraktiv für Sie ist. Setzen Sie ihn nicht unter Druck, sexuell aktiv zu sein. Gestehen Sie ihm sein eigenes Tempo in der Verarbeitung zu.

Zeigen Sie dem Opfer, dass Sie es immer unterstützen werden. Machen Sie deutlich, dass Sie Zeit haben und Ihnen das alles überhaupt nicht unangenehm ist.

zu fühlen, und hält den Vergewaltiger von weiteren Taten ab. Nach einem Angriff sollten Sie sich zuallererst in Sicherheit begeben und dann Polizei, Notarzt, einen Freund oder ein Familienmitglied informieren. Auch wenn Sie sich instinktiv so schnell wie möglich waschen oder reinigen wollen, sollten Sie das Waschen, Kleiderwechseln oder selbst das Zähneputzen vermeiden, bis Sie von einem Arzt untersucht wurden und es Ihnen gestattet wird. Wenn Sie sich jedoch gewaschen haben, lassen Sie sich deswegen nicht davon abhalten, zur Polizei zu gehen. Beweismittel können noch immer gefunden werden wie Samen in der Vagina, der sich dort bis zu sieben Tagen hält. Die Polizei veranlasst eine medizinische Untersuchung, die auf Ihren Wunsch hin von einer Ärztin durchgeführt wird.

Selbst wenn Sie nicht zur Polizei gehen, sollten Sie einen Arzt oder ein Krankenhaus aufsuchen, damit Ihre Verletzungen behandelt werden und Sie sich über die Notwendigkeit von Verhütungsmitteln oder die Gefahr von sexuell übertragbaren Krankheiten informieren lassen.

Emotionale Folgen

Vergewaltigung oder sexuelle Nötigung haben immer schwere Folgen. Die Opfer reagieren völlig individuell, und die Gefühle, die sie durchleben, verändern sich mit der Zeit.

Direkt nach der Tat können Sie verängstigt, ungläubig oder abgestumpft sein. Manche sind distanziert und sachlich nüchtern, andere schreien hysterisch und können dies nicht lassen. Sich selbst die Schuld zu geben ist eine sehr häufige Reaktion und verhindert zu akzeptieren, das Geschehene als Verbrechen zu sehen. Mit der Zeit versuchen Menschen sich zu schützen, indem sie sich absondern und nicht kommunizieren, während andere im Gegensatz dazu promiskuitiv werden können. In einigen Fällen können Vergewaltigung und sexuelle Übergriffe auch zu posttraumatischem Schock führen (siehe Kasten oben rechts).

Selbst wenn Sie zu Beginn davon überzeugt sind, mit alledem allein fertig zu werden, ist es das Beste, das Geschehene zu akzeptieren und nach der Tat möglichst schnell Hilfe durch einen Therapeuten zu suchen. Der Erholungsprozess kann Wochen, Monate oder gar Jahre dauern. Die Therapie hilft Ihnen, Ihre Gefühle aufzuarbeiten. Sie können auch Medikamente gegen Schlafstörungen oder zur Bewältigung des täglichen Lebens verschrieben bekommen. Holen Sie sich Informationen über Therapiemöglichkeiten beim Arzt der Polizei oder Selbsthilfegruppen (s. Seite 92).

Sexuelle Übergriffe können den Partner und Familienangehörige ebenso schwer treffen. Auch Sie verspüren Wut und wollen Vergeltung oder fühlen sich verantwortlich, den anderen nicht verteidigt haben zu können. Einige Partner schieben dem Opfer, oftmals unbewusst, die Schuld zu, weil Sie den Angriff nicht verhindert haben. Eine Therapie zeigt Wege aus diesem emotionalen Dilemma. Tipps zur Opferhilfe siehe Kasten gegenüber.

WAS GESCHIEHT, WENN ...

POSTTRAUMATISCHER SCHOCK

Diese psychologische Störung ist die Folge schrecklicher Erfahrung wie Vergewaltigung oder schwerer sexueller Übergriffe. Sie kann zutiefst verunsichern und durchaus erst einige Monate oder Jahre nach dem Ereignis auftreten. Ein solcher Schock kann durch kleine Details, die das Opfer an die Tat erinnern, ausgelöst werden, wie Geräusche, Gerüche oder der Jahrestag der Tat. Zu den Symptomen gehören Angstträume, Depressionen, Verunsicherung, Wut, Schuldgefühle oder unbewusstes Verdrängen der Tat. Wenn Sie fürchten, darunter zu leiden, gehen Sie zu einem Arzt oder Therapeuten. Zu der Behandlung kann Verhaltens-, Gruppen- oder Gesprächstherapie mit bewusstem Durchleben der Tat gehören. Auch medikamentöse Behandlung ist möglich.

Verhalten im Ernstfall

Der Umgang mit Kriminalität und Unfällen ist ambivalent. Man möchte sich nur ungern einmischen oder ist unsicher, was man tun sollte. Dieses Kapitel beschreibt, was geschieht, wenn Sie Nothilfeeinrichtungen einschalten. Wenn Sie Mitglied in einer entsprechenden Bürgerinitiative werden, können Sie Kriminalität verhindern helfen.

Verbrechen und Unfälle anzeigen

Ein Anruf beim Notruf 110 dient dazu, Polizei, Notarzt oder die Feuerwehr zu informieren, wenn ein Verbrechen stattfindet oder Menschenleben in Gefahr sind. Das Wählen der 110 ist bei schweren Verkehrsunfällen, Feuer oder bei Eindringlingen geboten, jedoch nicht bei einfachem Diebstahl (siehe unten).

Wenn Sie in Gefahr sind, hat das Aufsuchen eines sicheren Ortes und das Hilfeholen mit der Notrufnummer 110 höchste Priorität. Bleiben Sie in der Leitung, auch wenn es eine Zeit lang dauert, bevor Sie eine Antwort erhalten. Man kümmert sich um Sie. Halten Sie detaillierte Informationen über das Geschehene parat (s. linker Kasten). Handelt es sich um einen medizinischen Notfall, gibt Ihnen die Person am Telefon Erste-Hilfe-Instruktionen zum Beispiel für Wiederbelebungsmaßnahmen. Legen Sie erst auf, wenn es Ihnen gesagt wird.

NOTRUF 110

Wenn Sie die Notfallnummer 110 anrufen, sagen Sie dem Telefonisten, ob Sie Polizei, Feuerwehr oder Notarzt benötigen. Beantworten Sie dann seine Fragen, so gut Sie können. Die folgenden Informationen sollten Sie zur Hand haben:

- ☐ **Von wo rufen Sie an** Hinterlassen Sie Ihre Telefonnummer für den Fall, dass Sie unterbrochen werden oder der Beamte Sie zurückrufen muss.
- ☐ **Art des Notfalls** Beschreiben Sie, was geschehen ist, und teilen Sie mit, ob der Betroffene bei Bewusstsein ist und atmet.
- ☐ **Ort des Notfalls** Geben Sie, falls bekannt, die Anschrift oder den Namen eines nahe gelegenen Geschäftes oder Restaurants, die Straße, auf der Sie sich befinden, und die Richtung, in die Sie fahren, oder die Entfernung bis in die nächste Stadt an.
- ☐ **Wer braucht Hilfe** Sagen Sie, wie viele Leute betroffen sind und wie alt diese sind.
- ☐ **Wer sind Sie** Geben Sie Ihren Namen an.

Sonstige Situationen

Um andere Dinge wie Diebstahl aus einem Auto anzuzeigen, rufen Sie bei der örtlichen Polizei und nicht die Notrufnummer 110 an. Das hält diese Nummer frei für diejenigen, die wirklich in Gefahr sind. Warten Sie in solchen Fällen geduldig auf die Polizei. Es gibt keinen Grund, mehrfach anzurufen. Das verlangsamt die Bearbeitung. Je nach Situation schickt Ihnen die Polizei jemanden nach Hause, nimmt die Anzeige telefonisch auf oder fordert Sie auf, den Vorfall persönlich im Polizeirevier anzuzeigen.

Besuch bei der Polizei

In der Polizeiwache ist jemand an der Rezeption, der Ihnen zuhört, die Anzeige aufnimmt oder Sie an einen anderen Beamten verweist, der Sie für ein vertrauliches Gespräch in ein ruhiges Büro führt. Sie werden befragt und ermutigt, alle Details zu berichten. Der Polizist will zum Beispiel wissen, wo und wann der Vorfall sich abspielte, was genau geschah und ob es Zeugen gibt. Er fragt nach einer ausführlichen Täterbeschreibung und nach kleinsten Details, die Sie sich gemerkt haben, wie Ticks, Sprache, Akzent oder sonstige Eigenheiten.

Lassen Sie sich nicht von dem Gedanken beeinflussen, womöglich nicht das Richtige getan zu haben, und seien Sie offen und ehrlich. Die Polizei ist nicht dazu da, über Sie zu richten, und es sieht nicht gut aus, wenn sich später herausstellt, dass Sie gelogen oder Einzelheiten übertrieben haben. Nach Erstatten der Anzeige erhalten Sie eine Vorgangsnummer. Bewahren Sie diese Nummer auf, auch um sie gegebenenfalls an die Versicherung weiterzugeben. Waren Sie einem körperlichen Angriff ausgesetzt, wird der Beamte Ihnen raten, sich einer Untersuchung zu unterziehen. Die Polizei ist auch in der Lage, Ihnen Hinweise für Selbsthilfegruppen zu geben. Was weiter geschieht, hängt davon ab, ob die Polizei einen Verdächtigen findet und ob sie genügend Beweismittel hat, um ihn vorläufig festzunehmen. Die Polizei hält mit Ihnen weiteren Kontakt und fordert Sie gegebenenfalls auf, an einer Gegenüberstellung teilzunehmen oder vor Gericht zu erscheinen. Es kann durchaus sein, dass die Polizei niemanden erwischt oder den Fall wegen fehlender Beweise nicht zur Anklage bringen kann. Seien Sie darauf eingestellt und lassen Sie sich nicht entmutigen, dennoch Vorfälle sofort anzuzeigen. Je mehr die Polizei über Verbrechen in Ihrem Revier erfährt, desto besser kann Sie Strategien, dagegen anzugehen, entwickeln, denn es kann sich um Wiederholungstäter handeln oder sich ein neues Täterprofil abzeichnen. Diese Art von Informationen hilft letztlich der Polizei, Sie und andere zu beschützen.

WAS GESCHIEHT, WENN …

DNA-ANALYSEN

DNA ist eine chemische Struktur im Zelleninneren von Pflanzen und Tieren. DNA-Teilchen sind individuell einzigartig, und DNA-Spuren, am Tatort oder am Opfer genommen, können dann mit denen des Verdächtigen verglichen werden. Aus diesem Grund gilt, wenn Sie einen Angriff bei der Polizei anzeigen: nicht waschen, die Kleider anbehalten oder in eine Plastiktüte packen. Alle Beweisstücke verwahren, auch angegessene Mahlzeiten, ein Taschentuch oder sogar die Haut unter Ihren Fingernägeln, sollten Sie den Angreifer gekratzt haben. Fand das Verbrechen bei Ihnen zu Hause statt, räumen Sie erst auf, wenn die Polizei es Ihnen gestattet. Dank der DNA-Analysen und DNA-Vergleiche konnten Mord- und Vergewaltigungsfälle aus lang vergangenen Zeiten aufgeklärt und nachgewiesen werden.

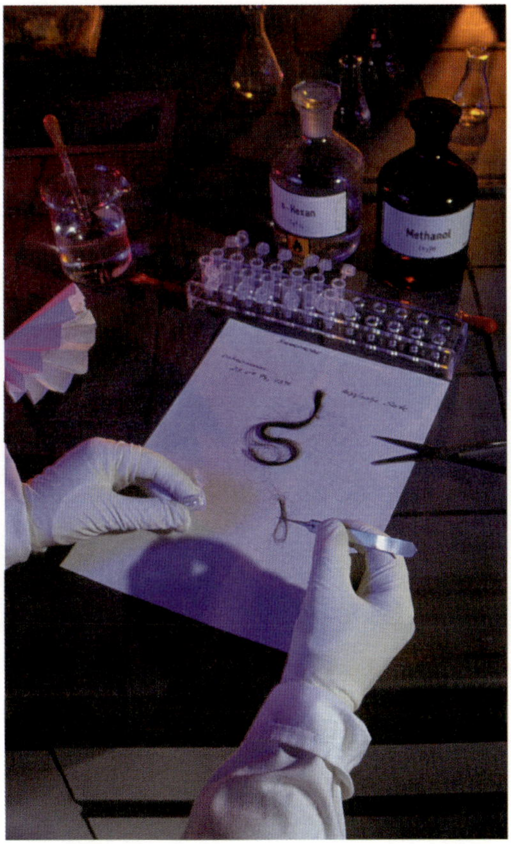

DNA-Untersuchungen umfassen wissenschaftliches Vergleichen von Spuren aus Blut, Samen, Hautzellen oder Haaren von Tatorten mit denen des Verdächtigen.

3

Praxis der Selbstverteidigung

Befürchten auch Sie, nicht in der Lage zu sein, Techniken der Selbstverteidigung erlernen zu können? Haben auch Sie Bedenken, sich bei einem Angriff zu wehren, würde die Sache nur noch schlimmer machen? Stellen Sie sich mental darauf ein und lernen Sie die grundlegenden Prinzipien der Selbstverteidigung. Lernen Sie auch, Gegenstände des täglichen Lebens als Waffe zu verwenden.

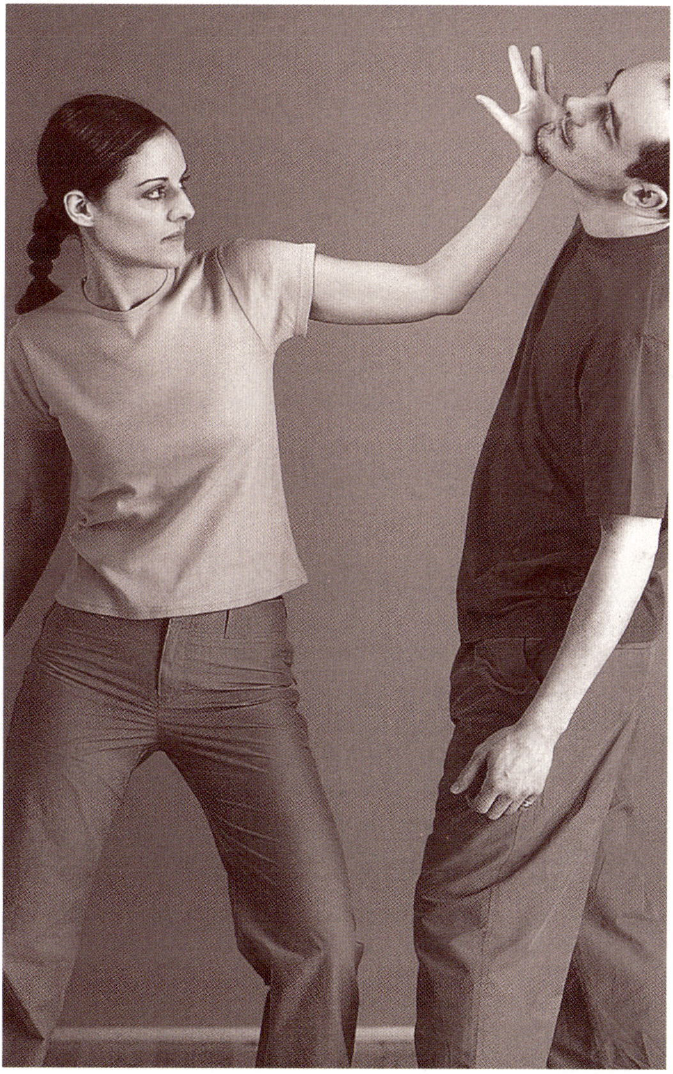

Psychologische Aspekte

Wenn Sie mit Bedacht handeln und darauf vorbereitet sind, gibt es geringere Chancen, in eine Situation zu geraten, in der Sie sich körperlich gegen einen Angreifer wehren müssen. Dennoch kann so etwas passieren, und daher ist es sinnvoll, sich die Zeit zu nehmen, Techniken zu erlernen, die Sie in die Lage versetzen, körperliche Schäden zu vermeiden. Dieses Kapitel zeigt Ihnen, wie man sich mental darauf vorbereiten kann, sich im schlimmsten Fall richtig zu verhalten.

Das Recht auf Selbstverteidigung

Ihre Sicherheit, Ihre Würde und Ihr Wohlbefinden sind wertvolle Güter. Niemand hat das Recht, Sie zu erschrecken, Sie anzugreifen oder Sie zu verletzen noch Ihre persönliche Freiheit rechtswidrig einzuschränken. Sollten Sie auf der Straße beraubt und Ihre Sicherheit gefährdet werden, dürfen Sie sich niemals passiv verhalten. Sie können sich mit angemessenen Mitteln wehren, sich vor Leid schützen und die Flucht ergreifen.

Wann handeln

Manche Menschen fürchten sich, sie könnten falsch reagieren, weil sie die Situation nicht richtig einschätzen. Sie haben zum Beispiel Angst, jemandem irrtümlich zu unterstellen, sie zu verfolgen. Es ist jedoch immer besser, eine Situation falsch einzuschätzen und für seine Sicherheit zu sorgen, als einem Angriff zum Opfer zu fallen, weil Sie sich scheuen, etwas zu sagen. Auch wenn es peinlich ist, Sie können sich für ein mögliches Fehlverhalten immer noch entschuldigen.

Manche Kriminelle verlassen sich darauf, dass sich die Opfer des Angriffes dessen nicht bewusst sind. Ein gutes Beispiel dafür ist, wenn sich ein Mann in einem Zug an eine Frau anschmiegt. Er hofft, dass sie davon ausgeht, es sei nicht sein Fehler, und dass sie nichts sagt oder gar entsprechend negativ reagiert. Ein »normaler« Mann wird alles tun, um einer Frau im Zug nicht zu nahe zu kommen. Wenn Sie sich je in einer solchen Situation befinden, gehen Sie fort und reagieren Sie deutlich verbal. Sich Aufmerksamkeit zu verschaffen reicht oft aus, um den Bedränger abzuschrecken. Macht der Mann weiter und wird die Situation bedrohlicher, haben Sie das Recht, sich handgreiflich zu wehren. Es ist Ihre Entscheidung, was angemessen ist.

Angemessene Gewalt

Viele Menschen haben Angst, einen Angreifer mit Selbstverteidigung zu verletzen, und fürchten, sie könnten festgenommen und angeklagt werden. Wenn Sie angegriffen werden, sind Sie nicht in der Lage darüber nachzudenken, denn dann liefern Sie sich dem Angreifer aus.

Nach dem geltenden Recht können sich Menschen mit den Mitteln wehren, die »notwendig und angemessen« sind. Diese »Notwehrsituation« ist deshalb so vage, weil jede Situation einzigartig ist. Nur Sie können entscheiden, was zur Selbst-

SICHERHEITSTIPP

AUSWEICHEN Auch wenn Sie sich instinktiv in einer gefährlichen Situation richtig verhalten, achten Sie darauf, nicht überzureagieren. Sie können überall mit aggressivem Verhalten konfrontiert werden, und das kann auch Angst auslösen. Reagieren Sie nicht automatisch auf Provokationen. Sie sollten stattdessen den Mut haben, wegzugehen oder wegzufahren.

verteidigung notwendig ist. Um sich vor einer Überschreitung der Notwehr zu bewahren, müssen Sie sich bestimmte Aspekte verdeutlichen. Werden Sie aufgefordert, sich ob Ihrer Handlungen zu rechtfertigen, müssen Sie andere überzeugen, dass Sie einen unmittelbaren Angriff befürchteten und keine Alternative zur Gegenwehr gehabt haben. Ihre Gegenwehr muss darüber hinaus in einem angemessenen Verhältnis zur Bedrohung stehen. Wenn Ihr Leben nicht in Gefahr ist, dürfen Sie das Leben anderer nicht bedrohen. Es mag durchaus schwer sein herauszufinden, was »angemessen« ist, wenn Sie sich fürchten und schnell reagieren müssen. Wie auch immer, der beste Rat ist zu handeln. Tun Sie unter diesen Umständen das, was Ihnen erforderlich erscheint – sollten Sie je vor Gericht kommen, sind Sie sicher in der Lage, sich zu rechtfertigen.

WAS GESCHIEHT, WENN …

EINDRINGEN IN DEN PERSÖNLICHEN FREIRAUM

Haben Sie sich je unwohl gefühlt, wenn Ihnen im Bus ein Mensch zu nahe kam? Der Anthropologe Edward T. Hall unterscheidet vier persönliche »Freiräume«, in denen Menschen interagieren. Der intime, der persönliche, der soziale Nahbereich und die Öffentlichkeit. »Akzeptables Verhalten« wird jedoch je nach Alter, Geschlecht und Kultur anders beurteilt. Daher gilt, wenn Sie von jemandem bedrängt werden, versuchen Sie alle Ressentiments zu kontrollieren und Konfrontationen zu vermeiden. Wenn es Sie stört, stehen Sie auf und gehen Sie.

Verschlimmert Gegenwehr die Situation?

Auch hier liegt es an den Umständen. In manchen Fällen merken Sie, dass Gegenwehr den Angreifer wütend macht und somit die Situation verschlimmert. Dann haben Sie womöglich den Eindruck, die beste Chance zu überleben, bestünde darin, das zu tun, was der Angreifer will.

In anderen Fällen mag es jedoch besser sein, sich zu wehren, um flüchten zu können. Sie können aber nie sicher sein, was in einem Kriminellen vorgeht (s. Seite 36).

Nothilfe

Es ist Ihnen gestattet, »angemessene Mittel« anzuwenden, um sich selber und andere Menschen zu beschützen. Wie auch immer, wenn jemand Ihre Familie bedroht, sind die Mittel der Nothilfe nur gegeben, wenn Sie in der Situation nicht Schutz und Hilfe von der Polizei erhalten können.

Blickkontakt aufnehmen und Abstand halten, zum Beispiel lässt eine abwehrende Handbewegung Sie selbstbewusst und weniger verwundbar erscheinen.

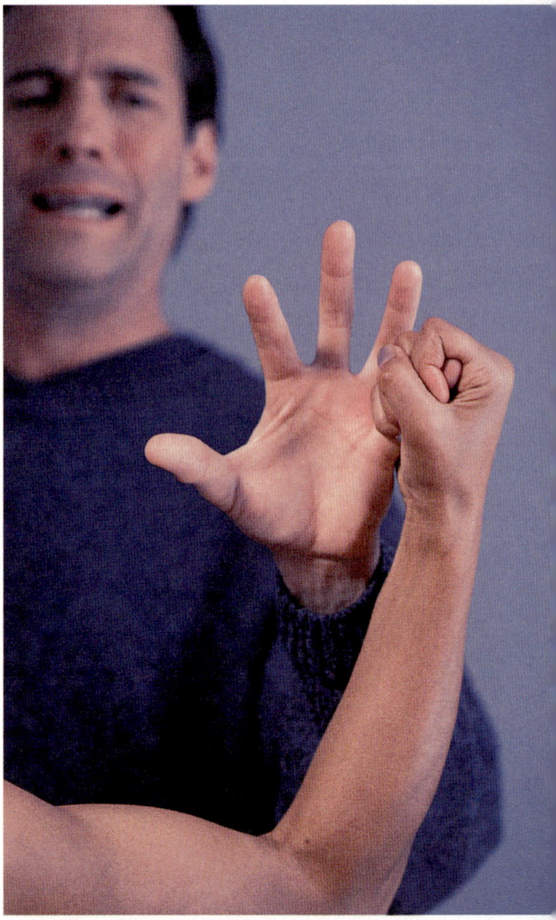

Positives Denken

Menschen jeglichen Alters und körperlicher Konstitution können lernen, sich selbst zu verteidigen. Das bedeutet nicht zwangsläufig, jeden Angreifer überwältigen zu können. Dennoch, auch wenn Sie sich selbst für schwach oder ängstlich halten, können Sie einfache Techniken erlernen, die Ihnen ermöglichen zu entkommen.

Es ist wichtig abzuklären, ob der Angreifer sehr viel stärker ist als Sie. Das muss kein Nachteil sein. Wenn Sie darauf eingestellt sind, können Sie einen Angreifer so schnell und hart treffen, dass Sie unverzüglich davonkommen können. Vor allem Frauen werden meist dazu erzogen, sich nicht zu wehren, was nicht bedeutet, dass sie es nicht können. Haben Sie dieses Buch gelesen, sind Sie mental darauf vorbereitet, sich selber zu schützen.

Individuelle Selbstverteidigung

Viele Menschen, die Selbstverteidigung erlernen, halten diese Techniken zunächst für schwierig und unnatürlich. Darüber hinaus befürchten sie, diese im richtigen Moment nicht parat zu haben. Dies ist nicht der Fall.

Ein jeder, ob aggressiv veranlagt oder nicht, kann einem Angreifer große Schmerzen zufügen.

Nehmen Sie sich für die Übungen auf den folgenden Seiten Zeit, hilft Ihnen das, die ursprüngliche Furcht zu überwinden und vitales Selbstvertrauen zu gewinnen. Die Techniken sind leicht umzusetzen und basieren auf instinktiven Reaktionen. Beherrschen Sie die Techniken, sind diese für den Fall des Falles fest in Ihrem Gedächtnis verankert. Sie werden vielleicht nicht so wie auf den Abbildungen reagieren oder gar manches vergessen. Das spielt jedoch keine Rolle. Der entscheidende Punkt ist, dass Sie gelernt haben, zur Selbstverteidigung fähig zu sein und somit die Wahl zu haben.

Seine Reaktionen kennen

Jeder reagiert anders auf Gefahren. Die Überraschung mag Sie verunsichern und verwirren und Sie mögen auch körperlich reagieren (Schreckstarre, s. Seite 11). Andererseits können Sie sich auch ruhig und distanziert verhalten. Beides sind natürliche Reaktionen, die Ihr Selbstvertrauen nicht beeinträchtigen sollten.

Unbehagen überwinden

Der Überlebenstrieb kann Ihnen helfen, emotionale Reaktionen wie Überempfindlichkeit auf einen solchen Angriff zu überwinden. Sie sollten über diese Gefühle und notwendige Handlungen nachdenken. Kämpfen Sie auf engstem Raum und ist der Angreifer betrunken oder schmutzig, sollten

Einfache Techniken (gegenüber) wie den kleinen Finger des Angreifers gegen das Gelenk biegen, erfordern nur geringe Kraft und Kenntnisse.

Menschen jedes Alters und körperlicher Konstitution (links) können effektive Techniken lernen, die ihnen helfen, sich von einem Angreifer zu befreien.

Sie alle Gefühle des Ekels ignorieren, da es notwendig sein kann, ihn zu kratzen oder zu beißen, um freizukommen. Vielleicht müssen Sie Dinge tun, die Sie sonst nie tun würden, wie einem anderen Menschen in die Augen stechen (s. Seite 74) oder ihn an den Hoden packen (s. Seite 79).

Der richtige Zeitpunkt

Der Angreifer hat Ihnen gegenüber den Vorteil der Überraschung. Er geht davon aus, dass Sie nicht wissen, was geschieht, und verlässt sich darauf, dass Sie verschreckt reagieren. Je schneller Sie die Situation erfassen, desto schneller können Sie sich selbst verteidigen. Der Angreifer mag sich über den nächsten Schritt nicht im Klaren sein, und je schneller Sie zurückschlagen, desto besser. Reagieren Sie langsam, kann Ihre Kraft nachlassen, da auch der Adrenalinspiegel im Körper wieder fällt. Also wehren Sie sich gleich.

WAS GESCHIEHT, WENN …

ANGST HABEN

Das Adrenalin, das bei Angst freigesetzt wird, kann Ihnen zusätzliche Kräfte verleihen, um sich gegen den Angreifer zu wehren (s. Seite 11). Es führt jedoch auch zur Störung der Feinmotorik, also der Fähigkeit, die Muskeln exakt zu kontrollieren. Wenn Sie zum Beispiel ruhig und entspannt sitzen, ist es relativ leicht, ein Garn einzufädeln. Nach einem Lauf um den Block, der den Adrenalinspiegel erhöht hat, werden Sie dazu nicht in der Lage sein. Aus diesem Grund stellt dieses Buch einfache Bewegungen aus der Selbstverteidigung vor. Haben Sie diese wiederholt geübt, sind Sie bald in der Lage, diese ohne Nachdenken auszuführen.

Zurückschlagen

Die Darstellung der Selbstverteidigungstechniken in diesem Kapitel gliedert sich danach, welcher Körperteil angegriffen wird und ob der Angriff von vorne oder von hinten erfolgt. Selbstverständlich wird ein realer Angriff nicht wie auf den Fotografien stattfinden. Die Bewegungen sind jedoch so gewählt, dass sie sowohl leicht zu erinnern als auch für die meisten Situationen geeignet sind.

Übung macht den Meister

Für den besten Selbstschutz müssen Sie die Bewegungsfolgen regelmäßig üben. Am besten erlernen Sie diese mit einem Menschen, dem Sie vertrauen. Beim Training sollten Sie genug Raum für die Bewegungsabläufe haben und lockere Kleidung sowie flache Schuhe tragen. Gehen Sie jeden Bewegungsablauf langsam durch, achten Sie dabei auch auf Ihre Gefühle, ohne wirklich zuzuschlagen oder zuzutreten. Haben Sie den Ablauf begriffen, erhöhen Sie das Tempo. Vermeiden Sie es, Ihren Partner mit voller Kraft zu treffen. Um das Gefühl, jemanden voll zu treffen, kennen zu lernen, üben Sie mit einem Kissen oder einer Matratze.

Angreifergruppen

Auch wenn das die seltensten Formen von Angriffen sind, erregen sie die größte Furcht. Gruppen-

Differenzieren Sie

Sie können Ihr Selbstvertrauen und Ihre Fähigkeit, mit Schrecksituationen umzugehen, leicht verstärken.

- Überprüfen Sie Ihre Erregbarkeit. Denken Sie darüber nach, wie Sie auf andere Menschen reagieren und mit Ihnen umgehen. Werden Sie schnell wütend, nehmen Sie sich Zeit und atmen Sie tief durch, ehe Sie reden.
- Lernen Sie Selbstverteidigungstechniken. Niemand erwartet von Ihnen, dass Sie nach einigen Minuten oder Tagen ein Experte sind. Das Einüben auch nur weniger einfacher Bewegungsfolgen gibt Ihnen das Zutrauen, sich selber verteidigen und schützen zu können.
- Achten Sie mehr auf tagtägliche Bewegungen. Wenn Sie zum Beispiel die Straße entlanggehen, seien Sie zuversichtlich und bleiben Sie jederzeit wachsam.

Gleichgewicht ist der Schlüssel zur Selbstverteidigung (s. Seite 52). Üben Sie, das Gleichgewicht zu halten, und bringen Sie einen Freund dazu, Sie sanft zu stoßen, um das zu testen.

angriffe sind deshalb besonders gefährlich, weil das Gruppengefühl dabei eine Rolle spielt. Die Gruppenmitglieder schaukeln sich gegenseitig zu größerer Gewalttätigkeit auf, als sie ein Einzelner ausüben würde. Auch für diesen Fall gibt es Möglichkeiten, sich selbst zu schützen. Schlagen Sie nur zurück, wenn Sie keine andere Wahl haben. Flucht ist die erste und beste Alternative. Gibt es keine Fluchtmöglichkeit, versuchen Sie Folgendes:

Reden Sie sich raus

Mit das Beste, was Sie tun können, ist der Situation durch Reden auszuweichen. Entspannen Sie die Lage, indem Sie selbst entspannt bleiben. Versuchen Sie möglichst wenig aggressiv zu erscheinen, indem Sie mit offenen Armen und Händen und nicht mit geballten Fäusten dastehen. Vermitteln Sie der Angreifergruppe mit fester Stimme, dass Sie mit keinem von ihnen kämpfen wollen.

Auf den Füßen bleiben

Ganz gleich, was geschieht, das Wichtigste ist, sich auf den Füßen zu halten. Wenn Sie zu Boden fallen, sind Sie offen für Angriffe. Lehnen Sie sich gegen ein Auto oder die Wand, um sich von Angriffen von hinten zu schützen und nützen Sie die Gleichgewichtstechniken, wie auf Seite 52 beschrieben.

Anführer herauspicken

Konzentrieren Sie sich auf die größte oder lauteste Person der Gruppe oder auf diejenige, die einen Waffe trägt. Sprechen Sie diese Person an. Lässt sie sich nicht ansprechen und müssen Sie kämpfen, wenden Sie sich zuerst gegen diese Person. Wenn Sie es schaffen, den wichtigsten Angreifer abzuwehren, werden die anderen womöglich zögerlich, und Sie können sich in Sicherheit bringen.

SELBSTVERTEIDIGUNG ÜBEN

Ganz gleich, wie groß oder wie stark der Angreifer ist, sein Körper hat verwundbare Stellen. Beachten Sie diese Stellen bei den Techniken der Selbstverteidigung im nächsten Kapitel. Diese Stellen sind natürlich auch die Bereiche des Körpers, die Sie schützen müssen.

- ☐ **Haare** Einige Haarsträhnen ergreifen und daran ziehen schmerzt und gibt Ihnen die Kontrolle über den Kopf des anderen.
- ☐ **Augen** Das Stoßen in die Augen des Angreifers verursacht zeitweilige oder gar andauernde Erblindung und ermöglicht Ihnen die Flucht. Nur bei ernsthaften Angriffen anwenden.
- ☐ **Ohren** An den Ohren ziehen, gegen diese zu schlagen oder hineinzubeißen schmerzt.
- ☐ **Nase** Auf die Nase zu schlagen oder hineinzubeißen ist leicht, da sie hervorsteht. Das treibt dem Angreifer die Tränen in die Augen.
- ☐ **Nacken und Hals** Gegen den Kehlkopf zu schlagen kann sehr schmerzhaft sein und großen Schaden verursachen. Greifen Sie hier nur in ernsten Situationen an.
- ☐ **Brustkorb** Ein Schlag gegen die Brust kann erstaunlich große Schmerzen verursachen.
- ☐ **Magen** Ein Schlag oder Tritt in den Magen lässt den Angreifer sich vor Schmerz winden.
- ☐ **Genitalbereich** Angriffe in diesem Bereich schmerzen beide Geschlechter und verursachen beim Mann extreme Schmerzen. Diese setzen ihn außer Gefecht, und Sie können entkommen. Ein Kniestoß in den Genitalbereich kann schwierig sein, ist jedoch sehr effektiv (s. Seite 58).
- ☐ **Hüften** Kniestöße gegen die Hüfte kann zur Lähmung des Beins führen und Ihnen so die Flucht ermöglichen (s. Seite 58).
- ☐ **Knie und Schienbein** Tritte gegen Knie und Schienbein sind schmerzvoll und erzeugen Ablenkung, die Ihnen die Flucht ermöglicht.
- ☐ **Knöchel und Füße** Auf den Fuß oder gegen den Knöchel zu treten ist sehr schmerzhaft, besonders wenn Sie hohe Absätze oder festes Schuhwerk tragen (s. Seite 57).

»Waffen« einsetzen

Werden Sie mit einem Angreifer konfrontiert, nutzen Sie alles, was Ihnen hilft, um zu fliehen. Dazu zählen auch Dinge, die Sie zur Hand haben, um sich zu verteidigen. Handtasche, Schirm oder Stein können effektive Waffen sein, ganz besonders dann, wenn der Täter stärker ist als Sie.

Keine illegalen Waffen

Ist Ihr Leben in Gefahr, gilt Ihr erstes Augenmerk der Selbstverteidigung. Das heißt jedoch nicht, dass Sie hierfür illegale Waffen bei sich tragen sollten. Zu diesen gehören Schnapp-, Klapp- und Schmetterlingsmesser. Das neue Waffenrecht gestattet nur den Besitz von Messern bis zu einer bestimmten Größe. Das sollten Sie sehr ernst nehmen. Wenn Sie einen Club oder eine Kneipe aufsuchen oder zu einem Fußballspiel gehen, verursacht ein Messer Ärger. »Defensive Waffen« wie Pfeffer, Sprays, Tränen- oder CS-Gas sind ebenso illegal. Wenn Sie derartiges bei sich tragen, riskieren Sie es, verhaftet zu werden, selbst dann, wenn Sie dies nur zur Selbstverteidigung nutzen. Wegen aktueller Informationen darüber, welche Waffen legal und welche Waffen verboten sind, wenden sie sich an Ihre örtliche Polizeidienststelle. Darüber hinaus sollten Sie nie Haushaltsgegenstände wie Küchenmesser, Hammer oder Schraubenzieher bei sich tragen und zur Selbstverteidigung nutzen. Unabhängig davon, ob Sie beweisen können, dass Sie diese Gegenstände an diesem Tag für die Arbeit brauchten, geht das Gesetz davon aus, dass Sie Offensivwaffen bei sich tragen. Aus diesem Grund wird auf den folgenden Seiten beschrieben, wie man sich durch den Gebrauch von alltäglichen Gegenständen, die Sie zur Hand haben, wehren kann. Dazu gehören Schirme, Mobiltelefone ebenso wie Techniken der Selbstverteidigung, für die Sie nur Füße und Hände brauchen.

Schusswaffen

Das nach dem Amoklauf in Erfurt verschärfte Waffenrecht verbietet den Besitz von großkalibrigen sowie kleinkalibrigen Handfeuerwaffen.

Haushaltsgegenstände wie sie in der Küche oder im Werkzeugkasten zu finden sind, können als illegal eingestuft werden, wenn Sie diese bei sich tragen.

SICHERHEITSTIPPS

TRAGEN SIE KEINE WAFFEN Der Einsatz einer Waffe – gleich ob legal oder illegal – ist bei einem Angriff nicht die beste Alternative. Der Kriminelle könnte Sie überwältigen und diese gegen Sie benutzen.

Bestimmte Typen von Waffen wie Luftgewehre oder Schrotflinten können legal besessen werden, wenn der Eigentümer die gesetzlichen Voraussetzungen erfüllt und in bestimmten Fällen über eine entsprechende Genehmigung verfügt. Wie auch immer: Die Gesetzeslage ist komplex. Wenn Sie also den Kauf einer Waffe erwägen, erkundigen Sie sich bei der örtlichen Polizeibehörde.

Selbst wenn Sie legal eine Waffe besitzen, sollten Sie diese nicht zur Selbstverteidigung einsetzen. Die Polizei nimmt jede Art von Vergehen gegen das Waffengesetz sehr ernst. Es ist ein Gesetzesverstoß, ohne guten Grund eine geladene Waffe in der Öffentlichkeit zu tragen, und es ist sehr wahrscheinlich, dass die Gerichte davon ausgehen, dass Waffengebrauch zur Selbstverteidigung im Haus kein »erforderliches und angemessenes Mittel« ist.

Bedrohung mit einer Waffe

Gerade Kriminelle unter 25 Jahren besitzen zu oft Waffen oder haben Zugang zu ihnen. Das führt zu einer zunehmenden Verrohung unseres Alltagslebens. Die Zahl der illegal besessenen Feuerwaffen ist nach der Wende zunächst sehr angestiegen, nach den letzten aktuellen Änderungen des Waffenrechts jedoch stetig gesunken.

Haushaltsgegenstände, wie Küchenmesser und Werkzeuge, können selbst in einem Verteidigungsfall außer Haus als illegale Waffen angesehen werden.

Werden Sie mit einer Waffe bedroht, versuchen Sie die Situation zu entschärfen. Der Angreifer mag nervös sein, und Sie sollten so ruhig wie möglich sprechen und jede abrupte Bewegung vermeiden. Geben Sie dem Täter, was er will. Ihr Leben ist weitaus wertvoller als Ihre Wertgegenstände. Wenn Sie jedoch in eine Situation geraten, in der Sie den Eindruck haben, der Täter wird auf jeden Fall schießen, sollten Sie sich entscheiden zu kämpfen oder zu flüchten.

Für diesen Fall gilt wie bei sexuellen Übergriffen (s. Seite 35), wählen Sie den richtigen Augenblick, also dann, wenn der Angreifer abgelenkt ist oder die Waffe zur Seite legt. Wird in Ihrer Nähe geschossen, werfen Sie sich zu Boden und halten Sie die Hände unten.

Alltägliches Objekt zur Selbstverteidigung

Werden Sie auf der Straße angegriffen, gibt es verschiedene Gegenstände, die man in der Hand hält wie Tasche oder Handtasche, die sich zur Verteidigung nutzen lassen. Mit einem harten Gegenstand wie ein Schirm oder ein Mobiltelefon können Sie auf den Täter einschlagen. Mit Schlüsseln können Sie das Gesicht des Angreifers verletzen und mit einem Aerosolspray in die Augen des Angreifers sprühen. Denken Sie daran, nur notwendige und angemessene Mittel einzusetzen.

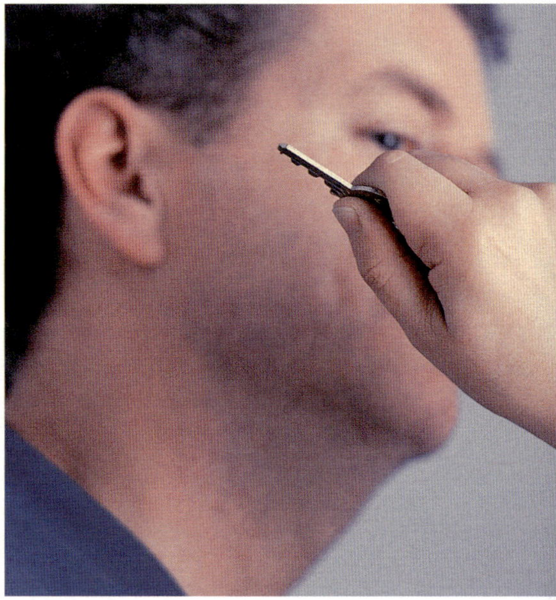

Schlüssel sind Waffen, wenn Sie diese gegen die Augen oder das Gesicht des Täters einsetzen. Halten Sie das Schlüsselbund in der Faust und einen Schlüssel nach außen zwischen Daumen und Zeigefinger. Den Schlüssel nicht zwischen den Fingern halten, weil Sie das sehr verletzten kann, wenn Sie damit zustoßen.

Taschen und Aktentaschen können gegen Knie, Schritt oder Kopf des Täters geschwungen werden. Bevor Sie mit einer Tasche zuschlagen, vergewissern Sie sich, diese fest im Griff zu haben. Wenn Sie schnell und kraftvoll ausholen, können Sie auch mit einem Beutel jemandem die Waffe aus der Hand schlagen.

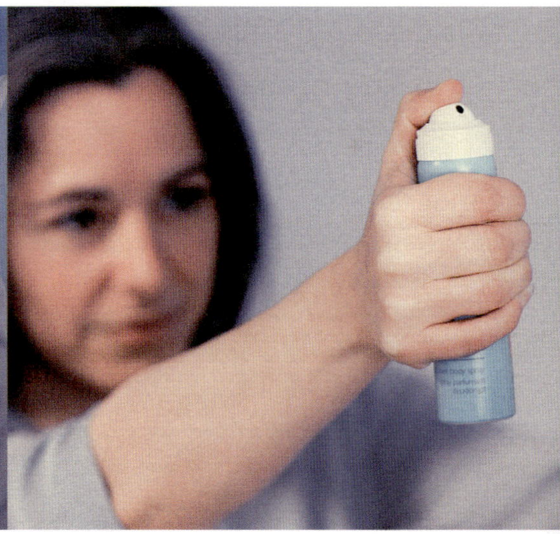

Aerosolsprays wie Parfüm, Anti-Transpirants oder Haarspray können direkt auf die Augen des Täters gerichtet werden. Umfassen Sie das Spray fest mit der Düse nach vorne und dem Daumen darauf gedrückt. Sie können mit der Dose auch auf empfindliche Stellen wie das Gesicht oder die Brust schlagen.

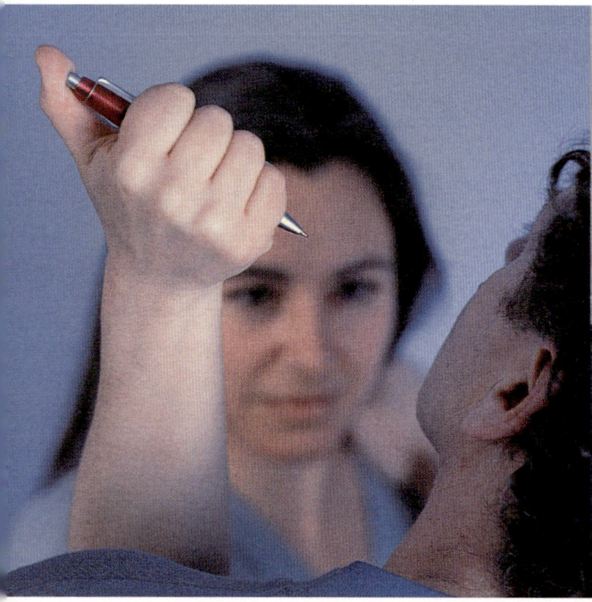

Stifte oder Kugelschreiber sind gute Verteidigungswaffen, da man sie leicht zur Hand hat. Halten Sie den Stift nach unten gerichtet fest in der Handinnenfläche und umfassen Sie ihn mit den Fingern. Legen Sie den Daumen auf das Ende, damit der Stift nicht wegrutschen kann. Stoßen Sie damit zu.

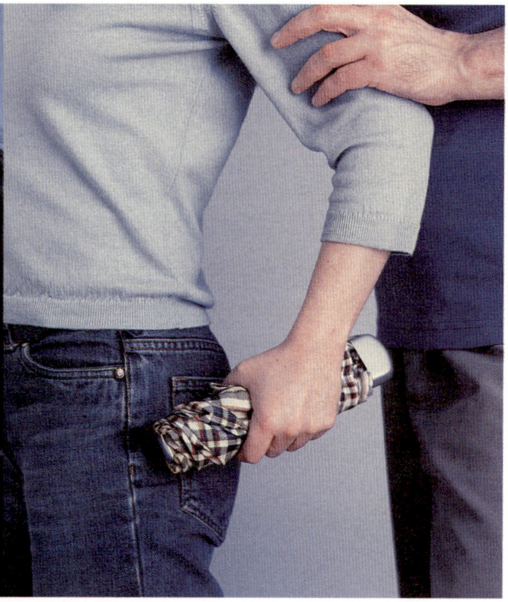

Schirme sind zusammengefaltet sehr stabil und können wie ein Stock gegen verwundbare Körperteile des Angreifers eingesetzt werden. Halten Sie den Schirm etwa in der Mitte und holen Sie nur kurz aus. Richten Sie den Schirm gegen Schritt, Kopf, Rippen, Nacken und andere empfindliche Bereiche.

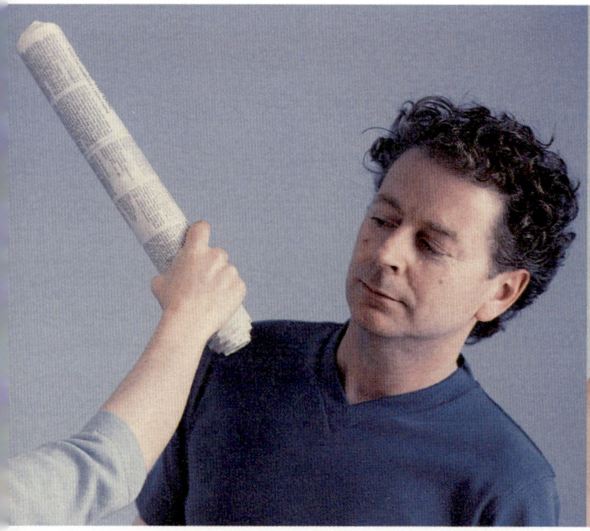

Zeitungen sind zusammengerollt eine stabile Verteidigungswaffe für den Fall eines Angriffs. Holen Sie seitlich aus und zielen Sie mit ganzer Kraft auf die Schläfe oder auf andere empfindliche Stellen wie Nacken, Brust oder Schritt.

Mobiltelefone können als Waffe verwendet werden. Umfassen Sie das Mobiltelefon mit den Fingern und legen Sie den Daumen auf die untere Seite. Führen Sie es mit einem nach unten gerichteten Stoß gegen einen empfindlichen Körperteil. Hat es eine Antenne, können Sie damit auf den Angreifer einstechen.

Sechs Schritte zur Sicherheit

Die grundlegenden Prinzipien der Selbstverteidigung gelten für alle Situationen. Sie wollen möglichst schnell und mit wenigen Verletzungen davonkommen. Dies kann mit sechs Schritten erreicht werden, die Sie in Erinnerung behalten sollten.

1 Aufmerksamkeit erregen

Das allererste Mittel ist dem Angreifer lautstark ins Gesicht zu schreien. Kriminelle wollen vermeiden, dass Ihnen andere zur Hilfe eilen oder als Zeugen auftreten könnten. Daher kann Schreien alleine ausreichen, den Angreifer zu vertreiben. Verletzen Sie ihn im Kampf, können die Zeugen aussagen, was Sie gerufen haben, und so beweisen, dass Sie das Opfer und nicht der Angreifer waren. Darüber hinaus wird der Täter abgelenkt, während er damit beschäftigt ist, Sie zu beruhigen. Das kann ausreichen, um zu entkommen. Vor oder nach dem Schreien sollten Sie tief Luft holen, damit ausreichend Sauerstoff dem Gehirn, den Nerven und den Muskeln zur Verfügung steht. Psychisch gesehen gibt Ihnen das Schreien Kraft, da es wie ein Kampfschrei positiv auf Sie wirkt. Auch hier gilt: Übung macht den Meister. Durch den Angriff verursachter Schock und Angst können Sie lähmen, daher sollten Sie das Schreien trainieren. Stellen Sie sicher, das der Schrei aus voller Lunge und nicht nur aus dem Hals kommt. Sie mögen es eigenartig finden, aber es ist wichtig zu üben. Wann haben Sie zum letzten Mal lauthals geschrien?

BEREIT ZU SCHREIEN

Einen Befehl zu schreien, gibt Ihnen ein Gefühl der Kontrolle und wirkt auch sehr bestimmt. Vermeiden Sie unterwürfige Reaktionen wie »Tun Sie mir nichts«, »Lassen Sie mich gehen«, denn diese lassen den Angreifer denken, Sie seien ängstlich. Versuchen Sie stattdessen Folgendes.

- ☐ **»Hau ab!«**
- ☐ **»Lass los!«**
- ☐ **»Geh weg!«**
- ☐ **»Hör auf!«**
- ☐ **»Polizei!«**
- ☐ **»Verschwinde!«**
- ☐ **»Feuer!«**

2 In der Öffentlichkeit bleiben

Mit das Wichtigste bei einem Angriff im Freien ist, auf einem öffentlichen Platz zu bleiben. Lassen Sie sich vom Angreifer nicht in ein Auto, eine Seitenstraße oder ein Haus ziehen. Dort erwartet Sie nur Schlechtes und Sie haben weniger Chancen, Hilfe zu bekommen. Verhindern Sie mit aller Macht, weggezerrt zu werden. Halten Sie sich mit ganzer Kraft an einem Geländer oder Laternenmast. Gibt es keine andere Möglichkeit, lassen Sie sich auf den Boden fallen und machen Sie sich so schwer wie möglich (s. Seite 86). Auch wenn Sie sich normalerweise auf den Füßen halten sollten, kann ein anderer Ihnen nun zur Hilfe kommen, während Sie sich auf dem Boden liegend wehren.

3 Halten Sie das Gleichgewicht

Das Gleichgewicht halten ist oft das Erste, was Sie in einem Selbstverteidigungskurs lernen. Ein stabiles Gleichgewicht trägt dazu bei, nicht zu Boden geworfen zu werden und die Beine zum

Treten oder Stoßen zu nutzen. Kommt es zum Kampf, ist es leichter, auf den Füßen zu bleiben, wenn Sie sich am Angreifer oder seiner Kleidung festkrallen. Stößt er Sie zu Boden, können Sie ihn leichter zu sich herunterziehen. Dieses Risiko will der Angreifer vermeiden, weil es ihn seinerseits verwundbar macht.

Trainieren Sie mit einem Freund, im Gleichgewicht zu bleiben. Bitten Sie ihn, Sie an den Schultern anzugreifen, um zu sehen, ob Sie stabil stehen. Stärken Sie Ihre Standfestigkeit, indem Sie die Beine ungefähr schulterbreit nebeneinander- und wie bei einem Ausfallschritt einen Fuß nach vorn stellen. Beugen Sie die Knie leicht, um so einen Stoß abzufangen. Drehen Sie nun die Hüften nach beiden Seiten. So erproben Sie Standfestigkeit und Gleichgewicht. Bleiben Sie dabei auf den Füßen, haben Sie ein gutes Gleichgewicht. Knicken Sie dagegen in eine Richtung ab, müssen Sie die Knie ein wenig mehr beugen oder die Füße weiter oder näher zusammenstellen. Auch hier: Übung macht den Meister.

4 Fluchtbereitschaft

Ihr höchstes Ziel ist die sichere Flucht. Das bedeutet, nicht nur alles zu tun, um den Angreifer niederzukämpfen und sich vor Verletzungen zu schützen, sondern auch nicht länger als unbedingt erforderlich zu kämpfen. Sobald sich eine Chance davonzukommen bietet, nutzen Sie diese. Lassen Sie von Ihrem Angreifer ab, da er, das Überraschungsmoment ist nun vorbei, auch zurückschlagen oder -treten kann. Darüber hinaus können Polizei oder Gerichte das nicht notwendige Anhalten eines Abwehrkampfes als nicht notwendig und daher rechtswidrig ansehen.

5 Für den Kampf entscheiden

Wenn Sie keine Hilfe erhalten oder dem Angreifer nicht entkommen können, müssen Sie sich entscheiden, ob Sie kämpfen. Diese Entscheidung kann Ihnen niemand abnehmen, und sie hängt völlig von den Umständen ab. Vielleicht wissen Sie nicht, wie Sie reagieren, bis der Fall des Falles eintritt. Denken Sie jedoch immer daran, dass Eigentum ersetzbar ist, Ihr Leben jedoch nicht. Greift jemand auf der Straße nach Ihrer Handtasche, mag es das Beste sein, das zuzulassen. Werden Sie oder ein Angehöriger mit einer Waffe bedroht, ist es womöglich klug, den Weisungen des Angreifers zu folgen. Niemand macht Sie verantwortlich, auch Sie selbst sollten dies nicht tun, wenn Sie sich einem Kampf nicht stellen. Sollten Sie zu der Überzeugung kommen, dass Sie um Ihr Leben kämpfen müssen, dann sollten Sie mit ganzer Kraft in den Kampf gehen. Halbherzig zu kämpfen nützt nichts, da die Schläge dann schwach sind. Mit einer positiven Einstellung ist jeder Schrei, Schlag, Stoß oder Tritt voller Kraft und bringt Sie der Flucht etwas näher.

6 Hilfe suchen

Wenn Sie angegriffen wurden, erstatten Sie sofort eine Anzeige bei der Polizei. Gehen Sie nicht nach Hause und warten Sie nicht darauf, dass ein Polizist vorbeikommt. Begeben Sie sich an einen sicheren Ort und telefonieren Sie nach Hilfe. Sind ein Laden, ein Restaurant oder ein Tankstelle in der Nähe, gehen Sie hinein. Sie können von dort auch telefonieren. Angestellte und Kunden können Ihnen gegebenenfalls helfen und den Vorfall bezeugen. Warten Sie dort, bis die Polizei kommt.

Befinden Sie sich in einem Wohngebiet ohne öffentlichen Ort, zögern Sie nicht, an einem Haus zu klingeln und darum zu bitten, das Telefon benutzen zu dürfen. Auch wenn Sie die Menschen dort nicht kennen, sind die Risiken, die von diesen ausgehen, weitaus geringer, als wenn Sie mit dem Angreifer zusammen auf der Straße bleiben. Warten Sie, bis die Polizei eintrifft.

4

Selbstverteidigungstechniken

Was würden Sie tun, wenn Sie plötzlich jemand an den Kleidern packt oder gar würgt? Trainieren Sie die 20 gängigsten Grundtechniken nach den folgenden Schritt-für-Schritt-Anleitungen und versuchen Sie dann Ihre Verteidigung zu variieren, indem Sie die dargestellten Alternativen nutzen.

Verteidigung gegen Handgelenksangriffe

Die hier vorgestellten Techniken ermöglichen es Ihnen, sich gegen Griffe an einem oder beiden Handgelenke zu wehren. Lässt der Angreifer nicht von Ihnen ab, haben Sie das Recht, sich dagegen zu wehren. Werden Sie als Frau von einem Mann so festgehalten, mag er sich seiner Kraft nicht bewusst sein oder nicht verstehen, dass Sie sich bedrängt fühlen. Ihm mit fester Stimme zu sagen: »Lassen Sie mich los« kann bereits die Lösung sein. Macht er weiter, ist es Zeit zu handeln. Nutzen Sie den Überraschungseffekt zu Ihrem Vorteil.

Griff nach einem Handgelenk

Dies ist wahrscheinlich die häufigste Angriffsform. Die Situation kann plötzlich während eines Streits entstehen, wenn Sie gehen wollen, die andere Person Ihnen das Gespräch jedoch aufzwingen will.

1 **KRAFT TESTEN** Wenden Sie sich dem Angreifer zu, sehen Sie ihm in die Augen, um zu zeigen, dass Sie es ernst meinen und nicht verängstigt sind. Herrschen Sie ihn an: »Lass los!«. Lässt er nicht ab, ballen Sie die Faust der Hand, die er hält. So haben Sie mehr Kraft im Handgelenk und können sich entziehen.

VERSUCHEN SIE AUCH …

TRETEN UND STOSSEN Trauen Sie sich zu treten und zu stoßen, um sich von einem Angreifer zu lösen. Beugen Sie die Knie für einen sicheren Stand. Blicken Sie dorthin, wo Sie angreifen wollen. Stehen Sie nah beieinander, können Sie den Angreifer an der Kleidung packen oder in die Armhaut kneifen, um Ihre Position zu stärken und das Gleichgewicht zu halten.

Bewegen Sie sich schnell und treten Sie hart auf den Vorderfuß. Sie können auch kurz und schnell gegen Schienbein, Knöchel oder Knie treten. Führen Sie den Tritt mit der Sohle des Fußes und mit nach oben gerichteten Zehen aus. Das ist sicherer und effektiver als mit den Zehen zuzutreten. Angriffe im unteren Körperbereich erlauben es Ihnen, sich schneller zu bewegen und halten Ihre Beine außerhalb der Reichweite des Angreifers, sodass er diese nicht zu fassen bekommt. Treten Sie so lange zu, bis er Sie loslässt, und Sie entkommen können.

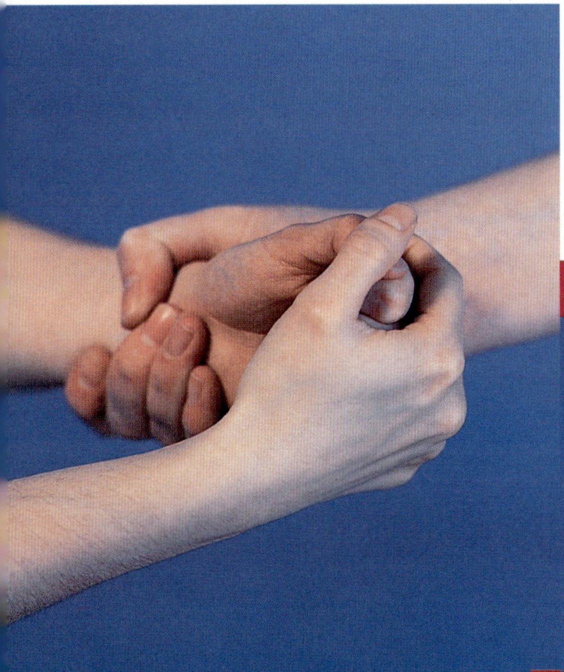

2

2 ANDERE HAND EINSETZEN Wenn Sie mit der einen Hand nicht genügend Kraft haben, setzen Sie die andere ein. Umfassen Sie die Faust mit der freien Hand so, dass Sie sich aus dem Griff befreien können.

3 SCHWACHEN PUNKT NUTZEN Die Hand des Angreifers ist da am schwächsten, wo der Daumen und Zeigefinger das Handgelenk umfassen. Reißen Sie das Handgelenk schnell und kräftig seitlich nach oben gegen diesen Punkt. Dies ist viel effektiver, als sich aus dem Griff herauszudrehen. Machen Sie dabei einen Schritt rückwärts, das verleiht Ihnen zusätzlich Kraft.

3

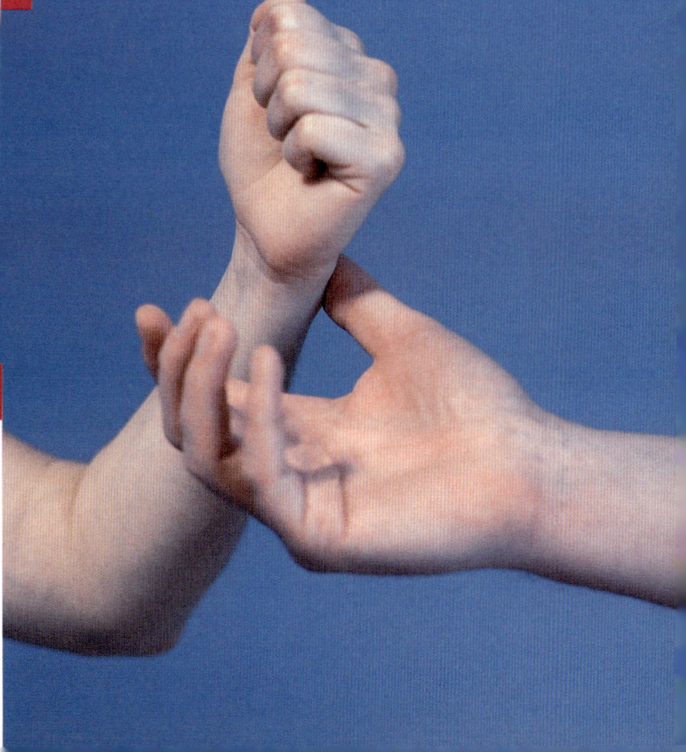

Griff nach beiden Handgelenken

Ein Angreifer, der Sie an beiden Handgelenken fasst, versucht so die Kontrolle sowohl über Ihre Hände als auch über Sie zu bekommen. In dieser Situation sind seine Hände jedoch so beschäftigt, dass er angreifbar ist. Haben Sie einen sicheren Stand, können Sie den Angreifer mit Kniestößen oder Fußtritten ablenken, während Sie versuchen Ihre Handgelenke zu befreien. Bekommen Sie Ihren stärkeren Arm frei, können Sie diese Hand zur Abwehr einsetzen.

1 **GLEICHGEWICHT FINDEN** Beugen Sie Knie und Ellbogen leicht. Aus einem sicheren Stand können Sie dem Angreifer besser Widerstand leisten und verhindern, dass er Sie herumzieht. Ballen Sie beide Hände zu Fäusten, um mehr Kraft in den Armen zu haben, und herrschen Sie ihn an: »Loslassen!«.

VERSUCHEN SIE AUCH ...

KNIESTOSS Mit dem Knie können Sie dem Angreifer kräftige Stöße versetzen. Die Reichweite des Knies ist jedoch begrenzt und daher das Knie nur im Nahkampf effektiv einsetzbar.

Beugen Sie die Knie für einen sicheren Stand. Bewegen Sie sich schnell, damit Sie im Gleichgewicht bleiben. Ziehen Sie den Gegner zu sich her und seinen Oberkörper nach unten. Gleichzeitig reißen Sie das Knie nach oben. Stoßen Sie in den Hüft- oder Genitalbereich des Angreifers. Ein Stoß gegen die äußere Hüfte kann sein Bein lähmen und schon ausreichen, dass er Ihnen nicht mehr folgen kann.

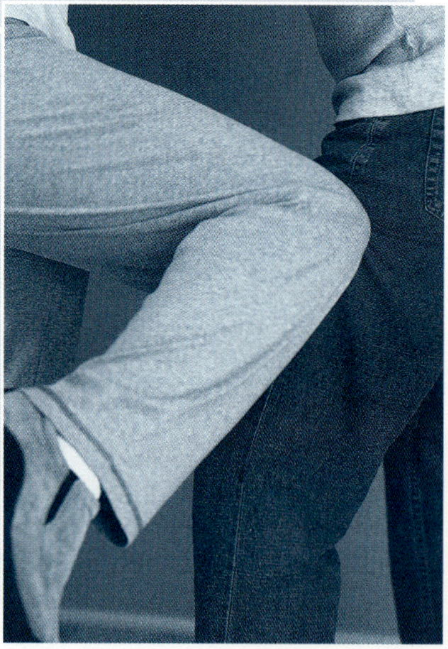

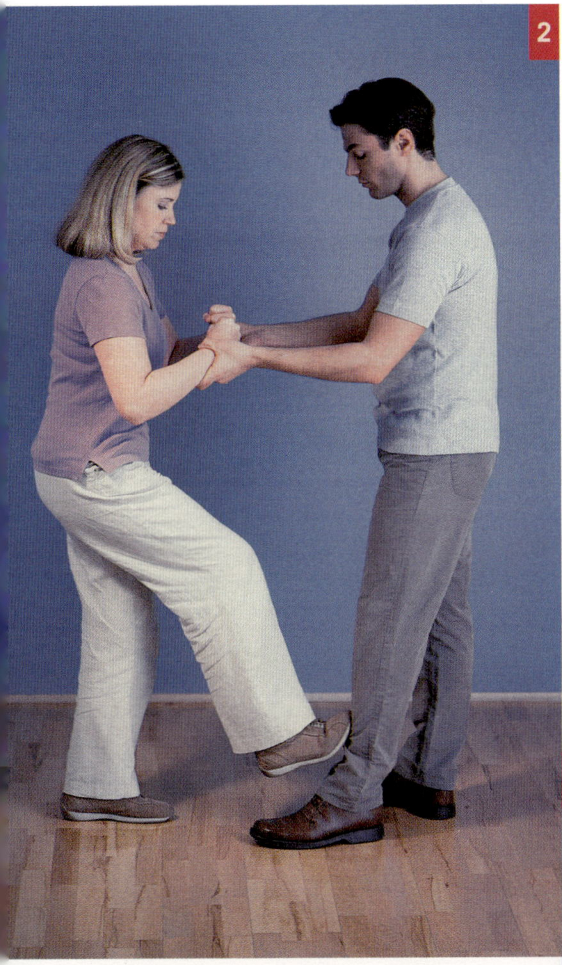

Taktische Tipps

- Versuchen Sie als Erstes, die stärkere Hand zu befreien. Dies gelingt eher, wenn es Ihre rechte Hand ist, da diese meist von der linken Hand des Angreifers gehalten wird, die in der Regel die schwächere ist.
- Wenn Sie es schaffen, Ihre Hand zu befreien, können Sie mit dieser die andere frei machen.
- Treten Sie, um ihn abzulenken, gegen die Beine des Angreifers. Fügen Sie ihm Schmerzen zu, wird er Sie nicht mehr festhalten wollen. Auch hier gilt: Verletzen Sie seine Beine, kann er Ihnen nicht folgen, wenn Sie fliehen.
- Denken Sie daran, der Angreifer ist nicht in der Lage, sich gegen Ihre Stöße und Tritte zu verteidigen, wenn er nicht von Ihren Handgelenken ablässt, was Ihnen wiederum die Chance gibt, sich zu befreien.

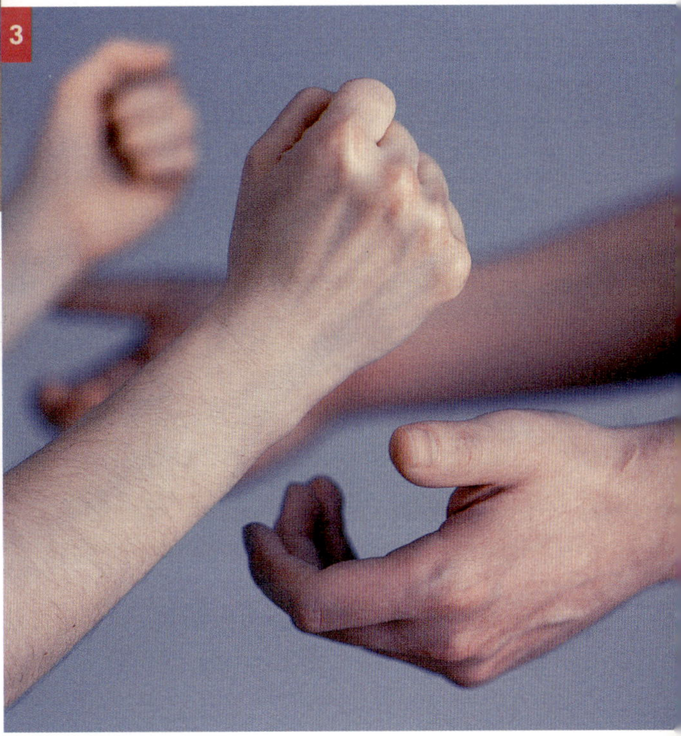

2 **ABLENKUNGSMANÖVER** Treten Sie den Angreifer gegen die Beine und stoßen Sie mit den Knien, bis er Sie loslässt oder Sie Ihre Arme freibekommen. Stoßen Sie mit nach oben gerichteten Zehen zu, um diese zu schützen.

3 **HANDGELENKE BEFREIEN** Reißen Sie, wie beim Griff nach einer Hand, Ihre Handgelenke schnell und kräftig seitlich nach oben gegen die Daumen. Gehen Sie sehr entschieden und kraftvoll vor.

Verteidigung gegen Greifen und Festhalten

Viele Handgreiflichkeiten, insbesondere unter Männern, beginnen damit, dass der eine den anderen an der Kleidung fasst. Ein Streit artet oft in einen Kampf aus, wenn der Angreifer physisch dominieren will, weil ihm dies verbal nicht gelungen ist. Der Angreifer greift auch deshalb nach Ihren Kleidern, damit Sie nicht weggehen können.

Anfänglich mag es scheinen, als sei dies eine weniger aggressive Handlung, weil sie sich gegen die Kleidung und nicht gegen den Körper richtet. Dennoch sollten Sie auf der Hut sein. Es kann auch bedeuten, dass der andere keine Angst vor Ihnen hat und denkt, er sei stärker als Sie. Der Angreifer mag damit auch einen Schlag oder Kopfstoß vorbereiten. Was immer er vorhat, Sie werden in Ihrer Bewegungsfreiheit eingeschränkt und haben daher das Recht, sich zu befreien, auch wenn Sie den Angreifer dabei verletzen.

Reversgriff mit einer Hand

Fasst der Angreifer nur mit einer Hand an Ihre Kleidung, hat er die andere Hand frei und kann damit zuschlagen. Agieren Sie schnell und kraftvoll. Wenn Sie ihm ins Gesicht schreien, mag das ausreichen, um den Angreifer abzuschrecken und zu fliehen. Ihr Schrei ist auch eine Art Kampfschrei, bevor Sie sich aus dem Griff des Angreifers befreien und die Flucht ergreifen.

1 **ABSTAND SCHAFFEN** Halten Sie Kopf und Schultern aus der Reichweite des Kopfes des Angreifers. Das ermöglicht Ihnen, seine freie Hand zu beobachten, und verhindert seinerseits einen Kopfstoß oder Beißen. Ausweichen zeigt auch Widerstandswillen. Halten Sie die Hände in der Nähe des Gesichts, um sich vor einem Schlag zu schützen.

VERSUCHEN SIE AUCH …

TRITTE GEGEN DEN KÖRPER Haben Sie die Hand des Angreifers umfasst, können sich aber nicht befreien, befindet sich dieser weiterhin in einer offenen, verwundbaren Position. Lehnt er sich nach vorne, versuchen Sie gegen seine Rippen oder in den Magen zu treten. Ziehen Sie den Angreifer dabei gegen die Trittrichtung. Ein Tritt in die Rippen oder in den Magen ist äußerst schmerzhaft, sodass er Ihnen dann nicht mehr folgen kann. Nutzen Sie für einen solchen Tritt den Spann des Fußes so, als ob Sie einen Ball wegstoßen wollen. Machen Sie dies jedoch nicht, wenn der Angreifer aufrecht steht, da er dann das ausgestreckte Bein umfassen und den Tritt abfangen kann.

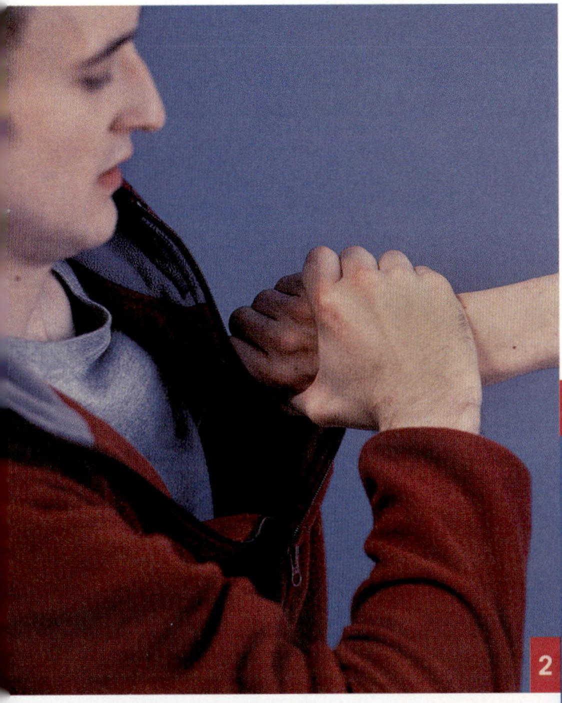

2

2 GREIFEN UND DREHEN Wenden Sie sich dem Gegner zu. Umfassen Sie die Hand, mit der er zugreift. Hält er Sie mit der rechten Hand, halten Sie ihn mit der rechten Hand und umgekehrt. Legen Sie die vier Finger über die Oberfläche seiner Hand und den Daumen darunter. Drehen Sie dann seine Hand zum Daumen hin. Das zwingt seinen Ellenbogen nach oben und ihn dazu, Sie loszulassen. Es zieht außerdem seinen Kopf nach unten und bringt ihn aus dem Gleichgewicht (s. Seite 73).

3 FLUCHT Haben Sie die Hand des Angreifers von Ihren Kleidern gelöst, drücken Sie mit der freien Hand den nach oben gedrehten Ellbogen nach unten. Den Ellbogen gegen das Gelenk zu drehen verursacht so große Schmerzen, dass der Angreifer zu Boden gehen kann, was Ihnen die Flucht ermöglicht.

3

Reversgriff mit zwei Händen

Greift der Angreifer mit beiden Händen zu, versucht er seine kräftemäßige Überlegenheit zu demonstrieren. Er gibt Ihnen so zu verstehen, dass er es ernst meint und auf diese Art sowohl Sie als auch die Situation kontrollieren will. Je länger Sie das zulassen, desto zuversichtlicher wird er. Zeigen Sie daher rasch, dass Sie keine Angst haben und gegebenenfalls zurückschlagen.

1 **SICHERER STAND** Lassen Sie sich nicht herumzerren. Stellen Sie für einen sicheren Stand die Beine schulterbreit auseinander und beugen Sie die Knie leicht. Greifen Sie den Arm oder die Kleider des Angreifers und reißen Sie ihn ein wenig nach vorne. Das bringt ihn aus dem Gleichgewicht und verschafft Ihnen Vorteile.

VERSUCHEN SIE AUCH ...

PRESSLUFTSCHLAG ZU DEN OHREN Haben Sie beide Hände frei und in Reichweite des Kopfes, können Sie einen Schlag gegen die Ohren des Angreifer führen. Das kann kurzzeitig das Hörvermögen einschränken, den Gleichgewichtssinn stören und große Schmerzen verursachen.

Beugen Sie die Ellbogen leicht durch und schlagen Sie mit beiden Armen schnell gegen seine Ohren. Die Hände werden so geformt, dass ein Hohlraum entsteht. Bei einem Schlag auf beide Ohren komprimiert die Luft in den Handinnenflächen. Das verstärkt die Wirkung. Beim Zuschlagen können Sie auch Kieferknochen und Schläfen treffen, also Nervenzentren, die dem Gehirn sehr nahe sind und daher akute Schmerzen verursachen. Sollte der Schlag nicht auf Anhieb klappen, versuchen Sie es nicht noch einmal, denn der Angreifer ist dann vorbereitet und zieht den Kopf zurück.

2 SICH BEFREIEN Während Sie den Arm des Angreifers halten, treten Sie ihn gegen Knie, Schienbeine oder Knöchel. Blicken Sie dorthin, wohin Sie treten wollen. Treten Sie schnell und hart, mit nach oben gerichteten Zehen, um diese zu schützen. Dies sollte so schmerzhaft sein, dass der Angreifer loslässt und Sie fliehen können.

Griff von hinten mit einer Hand

Greift ein Angreifer von hinten nach Ihrer Kleidung, machen Sie einen Ausfallschritt nach vorn. So kann er Sie nur schwer wegzerren. Darüber hinaus gibt Ihnen das ausreichend Platz, um sich gegebenenfalls zu verteidigen, und einige Sekunden Zeit, um Aufmerksamkeit zu erregen. Lässt der Angreifer nicht von Ihnen ab, nutzen Sie die nachfolgende Technik, um ihn zu zwingen, seinen Griff zu lockern, damit Sie fliehen können.

1 **KÖRPER ANSPANNEN, KAMPFBEREITSCHAFT** Lehnen Sie sich leicht nach vorne, vom Angreifer weg. Ihre Kleider werden so zwar gedehnt, doch bringt das Zeit zum Nachdenken und Platz zur Verteidigung.

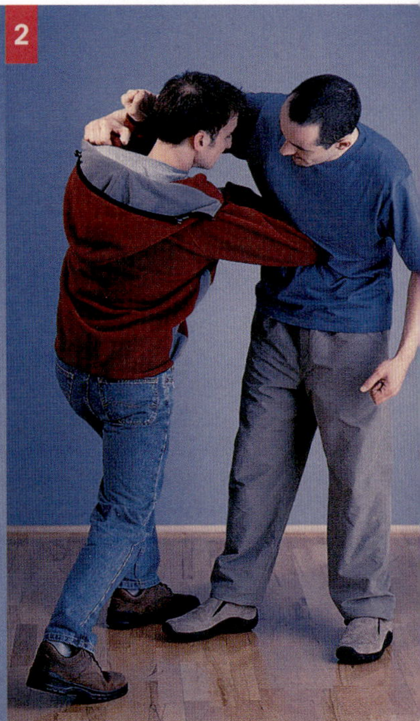

2 **DEM ANGREIFER ZUDREHEN** Bewegen Sie sich schnell, können Sie sich dadurch womöglich schon befreien. Befindet sich die Hand des Angreifers oben an Ihrem Körper, tauchen Sie beim Drehen unter dem Arm durch. Versuchen Sie bei der Drehung, die Hand, die Sie hält, mit dem Armrücken wegzuhebeln. Führen Sie einen Ellbogen- oder Fauststoß aus oder treten Sie den Angreifer.

Griff von hinten mit zwei Händen

Solch einen Griff in die Kleider abzuwehren ist schwer. Auch wenn Sie instinktiv, um Abstand zu schaffen, einen Ausfallschritt nach vorne machen wollen, ist es besser, sich umzudrehen, um sich dann vom Angreifer zu befreien.

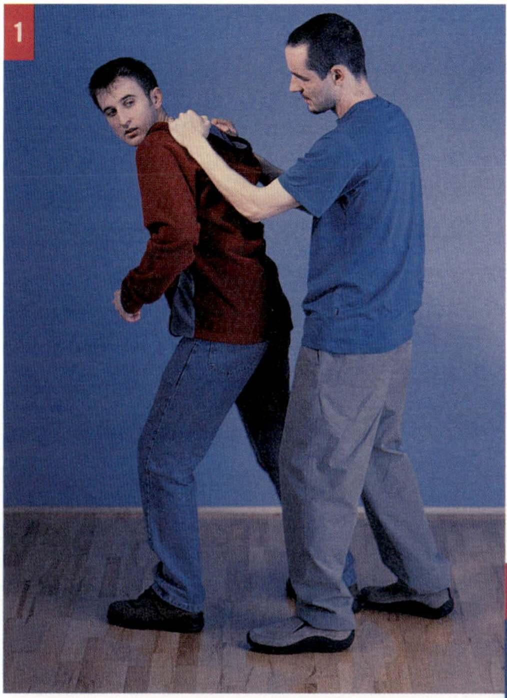

1 **NACH VORNE LEHNEN** Für ein stabiles Gleichgewicht die Beine schulterbreit auseinander stellen und die Knie beugen. Lehnen Sie sich vom Angreifer weg, wobei Sie nach hinten blicken, um nach seinen Hände zu sehen.

2 **SCHNELLE DREHUNG** Führen Sie die Ellbogen vor die Brust und drehen Sie sich schnell gegen den Angreifer. Pressen Sie die Ellbogen fest an und bewegen Sie sich schnell. Dies sollte ausreichen, um die Hände des Angreifers wegzuschlagen. Der Angreifer kann sogar aus dem Gleichgewicht geraten. Stoßen Sie ihn dann zu Boden.

VERSUCHEN SIE AUCH …

HANDBALLENSTOSS Kinn und Nase sind empfindliche Bereiche des Gesichtes, die schmerzhaft getroffen die Augen tränen lassen. Ein harter Stoß kann den Angreifer taumeln lassen. Beim Zuschlagen sollten Sie den Stoß nach oben richten, fest und schnell zustoßen und so den Kopf wegstoßen. Nutzen Sie den unteren, knochigen Teil des Handballens und halten Sie die Finger leicht gekrümmt, damit Sie gegebenenfalls auch das Gesicht zerkratzen können.

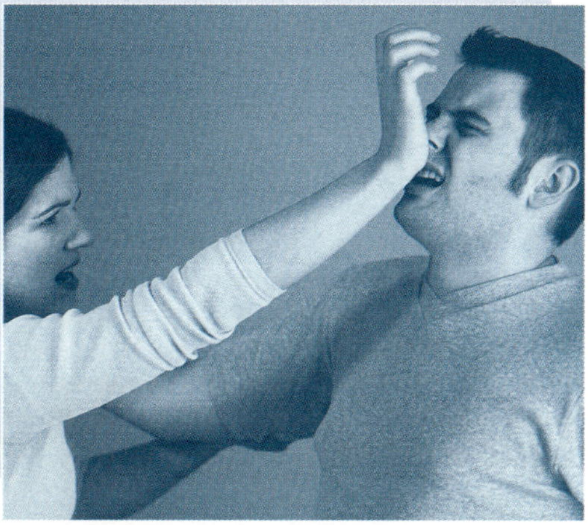

Verteidigung gegen Haareziehen

Dieser Angriff erfordert nur wenig Kraft und kann daher leicht ausgeführt werden. Kinder ziehen sich bei Auseinandersetzungen auf Spielplätzen oder Frauen, die sich bekämpfen, gegenseitig an den Haaren. Haareziehen ist sehr schmerzhaft und kontrolliert den Kopf. Es ist sehr schwer, sich dann aufrecht zu halten. Die nachfolgenden Techniken zeigen Ihnen, was Sie tun können, wenn Sie von vorne oder von hinten mit einer Hand oder mit beiden Händen an den Haaren gezogen werden.

Haareziehen mit einer Hand

Haareziehen an der vorderen oberen Kopfseite ist sehr schmerzhaft, denn das ist der empfindlichste Bereich der Kopfhaut. Bei diesem Angriff können Sie davon ausgehen, dass Sie der Angreifer weg- oder herunterziehen will, und Sie so nicht sehen können, was als nächstes geschieht. Das macht Sie sehr verwundbar. Es gibt hier jedoch Möglichkeiten, die Schmerzen zu lindern und die Flucht zu ergreifen.

1 **GLEICHGEWICHT HALTEN**
Sie können sich besser verteidigen, wenn Sie auf den Füßen bleiben. Stellen Sie die Beine schulterbreit auseinander, ein Bein steht etwas vor. Brüllen Sie den Angreifer an: »Aufhören! Loslassen!«

1

Taktische Tipps

- Ein kräftiger Stoß in den Genitalbereich oder gegen die Hüfte ist effektiv. Sie müssen nicht zwischen die Beine treffen, egal wohin Sie treffen, es schmerzt.
- Geraten Sie nicht in Panik, wenn Sie sich nicht ganz aufrichten können. Treten Sie gegen Knöchel und Schienbeine.
- Wenn Sie einen Handkantenschlag einsetzen, nutzen Sie die oben liegende Hand. Denn eine Hand muss weiter das Haareziehen verhindern.

VERSUCHEN SIE AUCH ...

HANDKANTENSCHLAG Pressen Sie die Finger der flachen Hand fest aneinander und legen Sie den Daumen seitlich an, so wird aus der fest gespannten Hand eine kleine, effektive Waffe. Der Handkantenschlag ist ideal, um im Genitalbereich zuzuschlagen, da er auch in schmale Bereiche weitaus eher als Knie, Fuß oder Faust passt.

Wenn Sie die Hand zunächst gegen die Innenseite des Oberschenkels legen, kann sie nach oben in den Genitalbereich weitergeführt werden. Führen Sie die Hand mit einer schnellen Bewegung und mit ganzer Kraft zwischen den Beinen nach oben. Die Folgen sind schmerzhaft für die Frau und lähmend für den Mann.

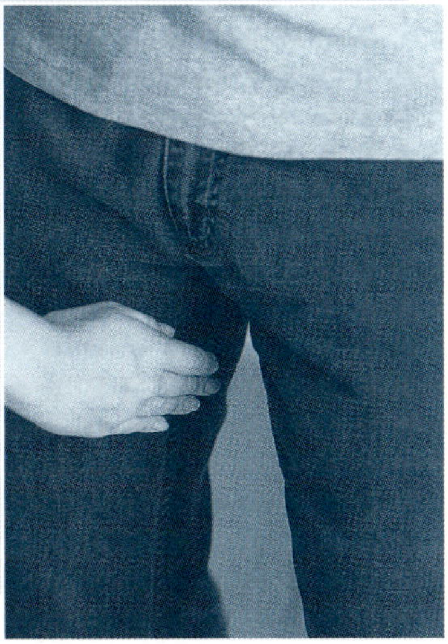

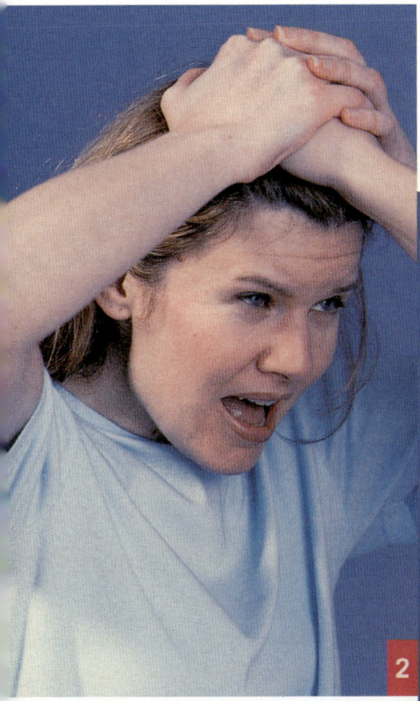

2

2 SCHMERZ LINDERN Legen Sie beide Hände oben auf die Hand des Angreifers, der an Ihren Haaren zieht, und drücken Sie diese herunter. Das verhindert, dass an Ihren Haaren gezogen wird, und der Schmerz lässt sofort nach, sodass Sie wieder klar denken können.

3 SELBSTVERTEIDIGUNG Mit Ihren Händen auf den Händen des Angreifers richten Sie sich so weit wie möglich auf. Da der Angreifer nahe steht, kann ein Tritt in den Unterkörper ausreichen, um ihn abzuwehren. Richten Sie den Blick dorthin, wohin Sie stoßen wollen. Stoßen Sie hart und kräftig zu.

3

Haareziehen mit zwei Händen

Das ist doppelt so schmerzhaft wie das Haareziehen mit einer Hand. Ihre Hände oben auf die Hände des Angreifers zu legen und diese runterzudrücken, hilft die Schmerzen zu lindern. Werden vier Hände auf Ihren Kopf gepresst, erhöht dies den Druck auf den Nacken und die Schultern. Solange der Adrenalinstoß anhält, ist dies kaum spürbar, später jedoch werden Sie merken, dass Nacken und Schulter steif sind und schmerzen.

Der Vorteil dieser Technik ist, dass beide Hände des Angreifers beschäftigt sind, was Ihnen mehr Möglichkeiten der Verteidigung gibt. Nehmen Sie eine Hand weg, um damit zuzuschlagen, und werden die Schmerzen dann zu stark, legen Sie die Hand einfach zurück und wenden Sie Kniestöße oder Trettechniken an.

1 **SICH DARAUF EINSTELLEN** Rufen Sie um Hilfe und stellen Sie für einen sicheren Stand die Beine schulterbreit auseinander. Unterbinden Sie den Schmerz so schnell wie möglich, indem Sie beide Hände oben auf die Hände des Angreifers legen und diese gegen Ihren Kopf pressen. Das zeigt auch, dass Sie bereit, sind sich zu wehren. Um den Angreifer davon abzuhalten, Ihren Kopf herunterzudrücken und Sie in die Knie zu zwingen, stehen Sie aufgerichtet und so weit wie möglich von ihm entfernt – weg von den Händen und Beinen des Angreifers.

2

2 DREHUNG UND SEITWÄRTSTRITT Hält der Angreifer Sie auf Armlänge entfernt, kommen Sie näher an ihn heran, indem Sie sich gegen ihn wenden. Während Sie die Drehung vollziehen, halten Sie seine Hände fest. Das dreht seine Hände gegen das Gelenk, schmerzt und bringt ihn aus dem Gleichgewicht. Heben Sie das ihm nähere Bein etwa 30 cm vom Boden an und treten Sie mit Fußkante und Ferse gegen Schienbein und Knöchel. Heben Sie Ihr Bein nicht zu hoch, um nicht aus dem Gleichgewicht zu geraten. Lockern Sie den Griff Ihrer Hände, damit er seine Hände von Ihrem Kopf nehmen kann.

VERSUCHEN SIE AUCH ...

FAUSTSTOSS INS GESICHT Wenn Sie sich so weit aufrichten können, um eine Hand einzusetzen, kann ein Fauststoß ins Gesicht sehr effektiv sein. Zu Ihrem eigenen Schutz sollten Sie Fauststöße trainieren, bevor Sie diese einsetzen. Nutzen Sie einen Sandsack in der Sporthalle oder schlagen Sie gegen etwas Weiches wie ein Kissen.

Wenn Sie eine Faust ballen, pressen Sie den Daumen fest auf die Außenseite der Finger. Halten Sie das Handgelenk gerade, sodass Hand, Gelenk und Arm eine Linie bilden. Führen Sie den Fauststoß mit ganzer Kraft aus der Schulter und beugen Sie dabei leicht den Ellbogen. Er wird dann geradlinig zum Ziel geführt. Der Fauststoß sollte möglichst eng am Körper gestartet werden, damit der Angreifer diesen nicht kommen sieht und sich wegdrehen kann. Beim Schlagen zu schreien kann den Schlag verstärken.

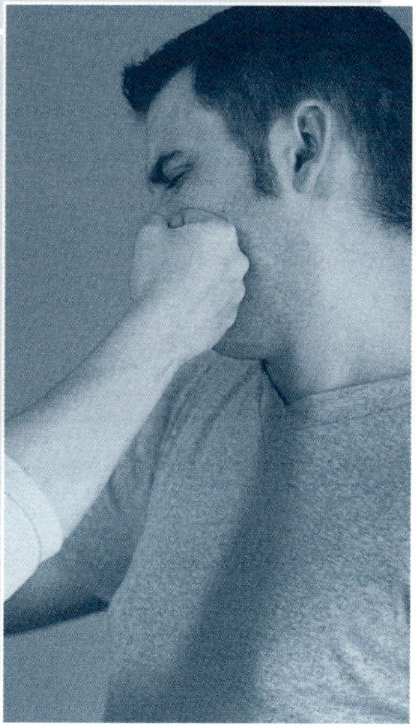

Haareziehen von hinten

Die Überraschung, von hinten angegriffen zu werden, und der unvermittelte Schmerz können Sie in eine verwundbare Lage bringen. Tragen Sie einen Pferdeschwanz, ist es für einen Angreifer leichter, aber auch bei Kurzhaarfrisuren kann er im oberen Haupthaar zupacken. Um Sie zu kontrollieren, erfasst der Angreifer so viele Haare wie möglich und zieht oder dreht sehr fest. Der Angreifer wird selbstbewusster vorgehen, da er Sie von hinten angreift und somit für Sie nicht zu sehen ist. Daher ist dann das Überraschungsmoment auf Ihrer Seite, wenn Sie sich umdrehen.

1 HAND DES ANGREIFERS PACKEN Atmen Sie tief durch und schreien oder brüllen Sie. Versuchen Sie sicher zu stehen und im Gleichgewicht zu bleiben. Packen Sie das Handgelenk des Angreifers mit beiden Händen und pressen Sie es so fest wie möglich auf den Kopf.

2 ANGREIFER KONFRONTIEREN Halten Sie die Hand des Angreifers und drehen Sie sich zu ihm hin. Halten Sie dabei die Handgelenke fest, denn das Drehen gegen die Gelenke ist sehr schmerzhaft. Stellen Sie die Beine schulterbreit auseinander und beugen Sie die Knie für einen sicheren Stand.

VERSUCHEN SIE AUCH …

FAUSTSTOSS IN DEN GENITALBEREICH Die Beine haben zwar mehr Kraft, doch die Hände sind bis zu fünfmal schneller. Die Hände sind auch weitaus vielfältiger einsetzbar. Befürchten Sie bei einem Kniestoß oder einem Tritt zwischen die Beine des Angreifers das Gleichgewicht zu verlieren, führen Sie einen Fauststoß im Genitalbereich aus. Sehen Sie immer dorthin, wohin Sie schlagen möchten. Befindet sich der Angreifer hinter Ihnen, wenden Sie ihm den Kopf zu. Wenn Sie sich nach vorne beugen, ist es meist leichter, in den unteren Bereich zu schlagen. Ballen Sie die Hand zur Faust, halten Sie den Daumen fest auf den geschlossenen Fingern und führen Sie einen Fauststoß in den Genitalbereich aus. Schlagen Sie nicht mehrmals kurz, sondern einmal mit ganzer Kraft zu.

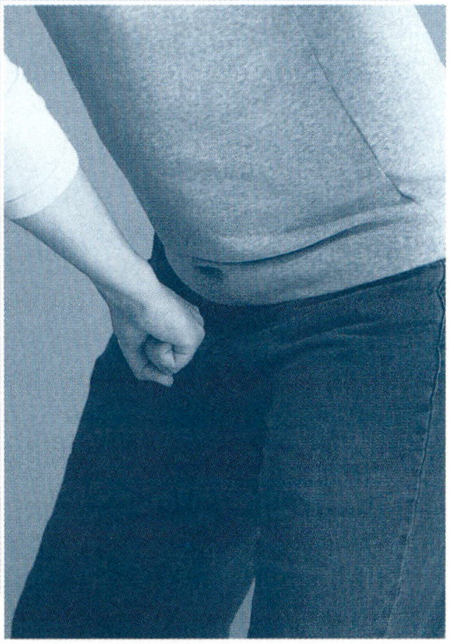

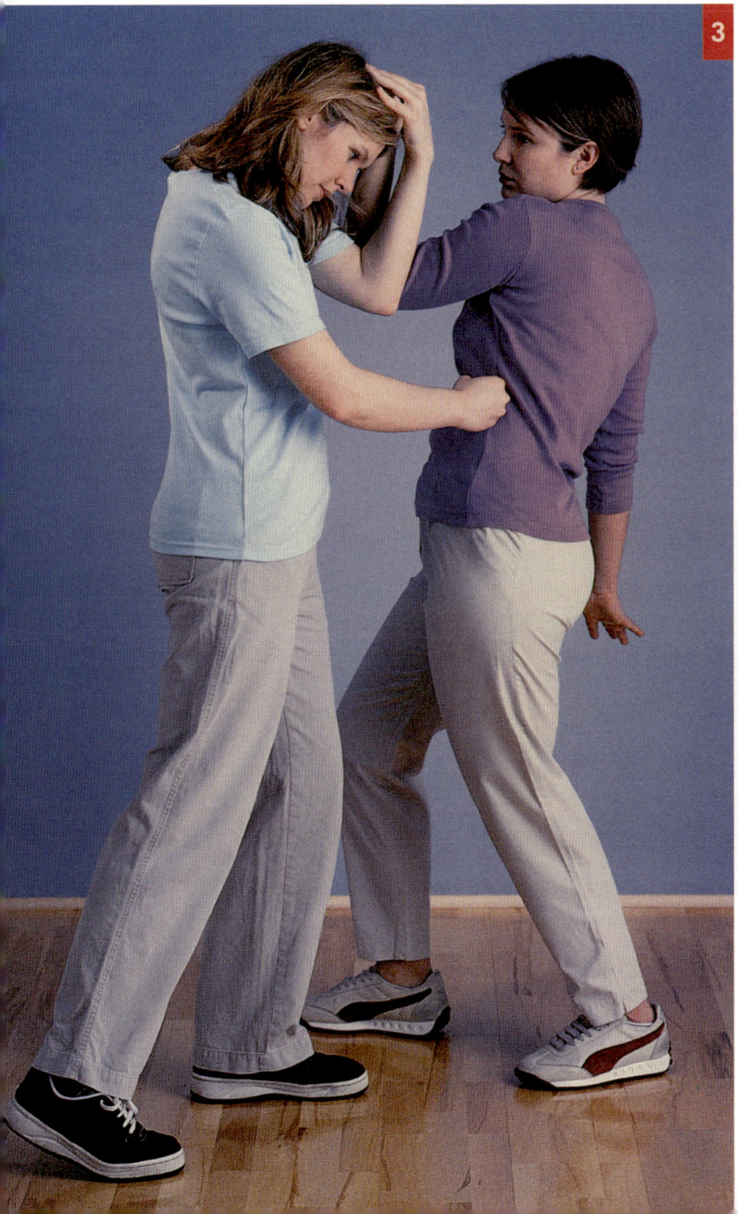

3 **SELBSTVERTEIDIGUNG** Auge in Auge mit dem Angreifer nutzen Sie Knie, Füße oder Hände zur Verteidigung, bis Sie entkommen können. Halten Sie den Daumen fest auf den Fingern der geschlossenen Hand und stoßen Sie hart gegen die Rippen oder stoßen Sie, wenn möglich, das Knie in die Leistengegend. Wenden Sie so viel Kraft an wie notwendig.

Verteidigung gegen Würgeangriffe

Der Kehlkopf ist eine besonders empfindliche Stelle, da sowohl die Luftröhre als auch die Arterien, die das Gehirn mit Blut versorgen, hier verlaufen. Ein Würgeangriff auf den Kehlkopf ist schmerzhaft und lebensbedrohlich. Selbst der Druck auf die Kehle mit nur einer Hand kann die Blutzufuhr zum Gehirn abschneiden, und Sie verlieren in weniger als 4 Sekunden das Bewusstsein. Männer tätigen derartige Angriffe oft gegen Frauen, denn der Angreifer muss kräftiger als das Opfer sein, das den Kampf vermeiden will. Bei Würgeangriffen können Sie davon ausgehen, dass der Angreifer Sie schwer verletzen möchte. Daher müssen Sie diesen Griff so schnell wie möglich lösen. Die nachstehenden Techniken erfordern wenig Kraft, sind aber sehr effektiv. Trainieren Sie diese mit einem Freund, damit Sie diese reflexartig sofort einsetzen können.

Würgegriff mit einer Hand

Selbst wenn Sie nur mit einer Hand gewürgt werden, ist dies gefährlich. Bewahren Sie die Ruhe und versuchen Sie, mit dem ersten Verteidigungsversuch freizukommen. Beobachten Sie die freie Hand des Angreifers, und versuchen Sie den Würgegriff seiner anderen Hand zu lösen.

NACKENMUSKULATUR TRAINIEREN Spannen Sie die Halsmuskulatur an, ziehen Sie gleichzeitig die Schultern hoch und pressen Sie das Kinn nach unten. Bei einem Angriff auf den Hals können Sie mit ausreichend angespannter Nackenmuskulatur Arterien, Venen und Luftröhre weitgehend schützen.

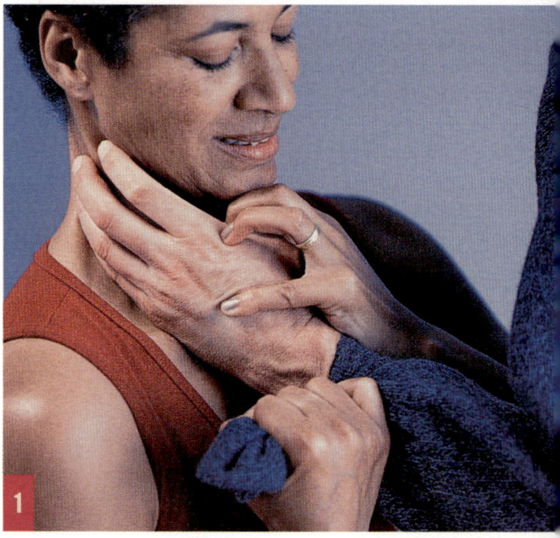

1 **HAND ERGREIFEN** Fassen Sie die Hand des Angreifers mit einer Hand, wenn möglich zwischen seinem Daumen und Ihrem Kehlkopf. Mit der anderen Hand umfassen Sie fest sein Handgelenk oder ergreifen den Ärmel.

VERSUCHEN SIE AUCH ...

STOSS MIT DEM ELLBOGEN Haben Sie im Kampf mit dem Angreifer seine Hand gepackt, können Sie ihn mit einen Ellbogenstoß zu Boden schicken. Umfassen Sie die Hand des Angreifers mit der entsprechenden Hand, also greift er mit der linken Hand an, setzen Sie Ihre linke Hand (s. Seite 61) ein. Drehen Sie seinen Arm so weit gegen das Gelenk, dass der Ellbogen nach oben zeigt. Führen Sie mit dem freien Arm mit voller Kraft einen Ellbogenstoß gegen seinen nach oben gerichteten Ellbogen. Das bringt ihn aus dem Gleichgewicht und kann, wird der Stoß entsprechend kraftvoll ausgeführt, sogar den Arm brechen.

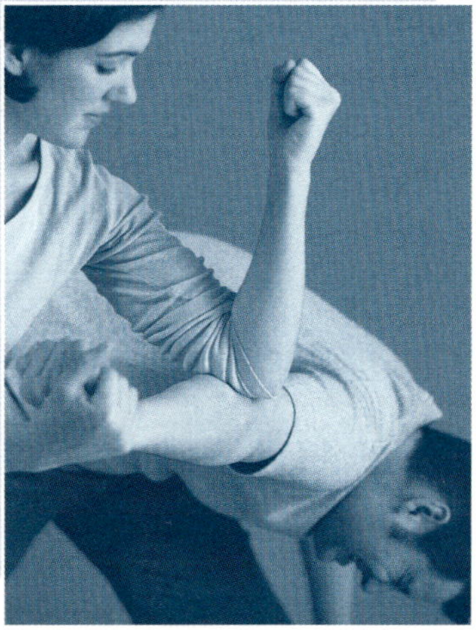

2 HAND WEGREISSEN Reißen Sie seine Hand mit ganzer Kraft weg und drücken Sie seinen Arm nach unten und von Ihnen weg. Gleichzeitig ziehen Sie Ihren Kopf und Ihre Schultern zurück. Sollte dies misslingen, drehen Sie ruckartig seine Hand weg, so als ob Sie einen Griff in die Kleider lösen wollten (s. Seite 61).

Taktische Tipps

- Treten Sie den Angreifer gegen die Beine, während Sie seine Hand am Hals lösen. Das kann als Ablenkung ausreichen, um den Würgegriff abzuwehren.
- Auch die kleinste Verletzung durch einen Würgegriff vermag Sie davon abzuhalten zu schreien, selbst wenn der Angreifer von Ihnen abgelassen hat. Daher ist eine Trillerpfeife oder ein Alarmgerät sinnvoll.
- Wenn Sie es nicht schaffen, die Hand des Angreifers abzuschütteln, nutzen Sie die andere Hand, um seine Nase oder sein Kinn mit einem Handballenstoß zu treffen (s. Seite 65), oder führen Sie einen Fingerstoß in die Augen (s. Seite 74).
- Wenn Sie den Würgegriff des Angreifers gelöst haben, verhindern Sie weitere Griffversuche. Achten Sie auf seine Hände, drücken Sie das Kinn nach unten, bis Sie sich befreit haben.

Zweihändiger Würgegriff

Dieser Griff ist weitaus gefährlicher als der Würgegriff mit einer Hand, da er doppelt so kräftig ist. Versuchen Sie die Ruhe zu bewahren. Es gibt eine ebenso einfache wie effektive Art freizukommen. Wenn Sie diesen Griff und die Abwehr mit einem Freund üben, können Sie dann sozusagen reflexartig reagieren und möglicherweise Ihr Leben retten.

1 **DEN HALS SCHÜTZEN** Wie beim Würgegriff mit einer Hand spannen Sie sofort die Nackenmuskeln an, um den Hals zu schützen. Werfen Sie den Kopf zurück, weg vom Angreifer und schreien Sie, so laut Sie können.

VERSUCHEN SIE AUCH ...

FINGERSTOSS IN DIE AUGEN Allein der Gedanke, die Finger und Fingernägel gegen das Gesicht oder die Augen des Angreifers zu richten, erregt bei manchen Menschen Ekel. Entscheidend ist , dass es sowohl legal wie auch legitim ist, alles Erforderliche zu tun, um sich selbst zu schützen. Das gilt erst recht in lebensbedrohlichen Situationen.

Die Augen gehören zu den empfindlichsten Stellen des Körpers. Der Fingerstoß in die Augen wird mit großer Sicherheit den Angreifer dazu bringen, von Ihnen abzulassen. Dieser Stoß kann den Angreifer zeitweilig oder dauerhaft erblinden lassen, was Ihnen die Flucht ermöglicht. Führen Sie einen Angriff gegen die Augen durch, platzieren Sie hierfür Ihre Hände an beiden Seiten des Kopfes und üben Sie mit dem Daumen Druck auf die Augen aus oder stechen Sie zwei Finger kraftvoll in die Augen. Sollte dies misslingen, kratzen Sie mit den Fingernägeln nach unten über das Gesicht.

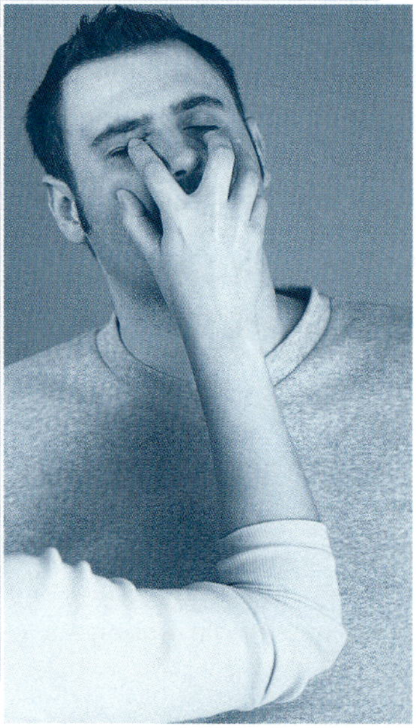

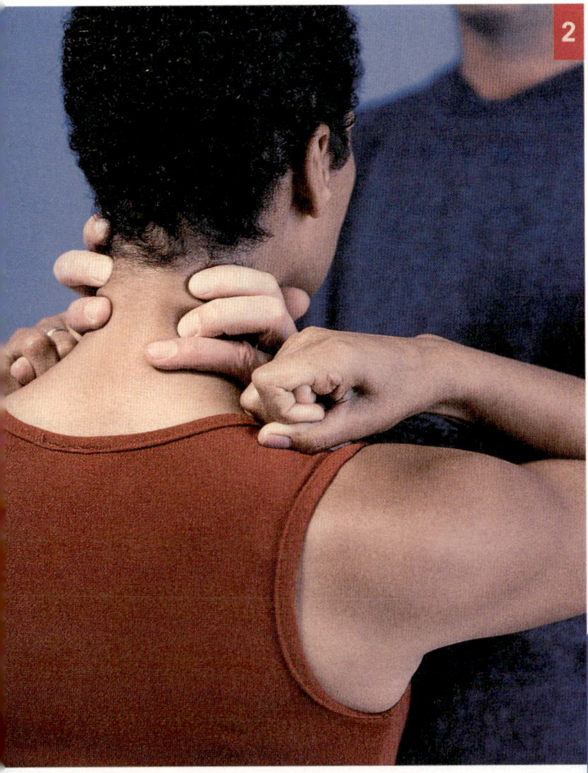

2

3

2 KLEINE FINGER ERGREIFEN Versuchen Sie die Ruhe zu bewahren und fassen Sie so schnell wie möglich nach den Händen des Angreifers. Umklammern Sie nun die beiden kleinen Finger fest mit den jeweiligen Händen. Drücken Sie die Finger mit ganzer Kraft gegen das Fingergelenk.

3 HÄNDE WEGREISSEN Versuchen Sie mit ganzer Kraft die kleinen Finger von Ihrem Nacken wegzureißen. Dies ist für den Angreifer sehr schmerzhaft, und daher werden die Hände zwangsläufig den Fingern folgen. Versuchen Sie es bei sich selbst und Sie werden feststellen, dass bereits wenig Druck gegen das Gelenk des Fingers Schmerzen hervorruft. Die enorme Schmerzwirkung wird durch Überdehnen und Verdrehen der Finger erreicht. Wenn Sie die Hand des Angreifers weiterhin festhalten, können Sie mit einem Kniestoß in den Genitalbereich entkommen.

Würgeangriff von hinten

Dies ist ein grauenvoller Angriff, insbesondere da Sie den Angreifer nicht sehen können. Darüber hinaus ist es eine der gefährlichsten Situationen, in die Sie kommen können. Der Druck auf den Kehlkopf birgt sehr ernsthafte Verletzungsrisiken wie Bewusstlosigkeit und Atemstillstand. Aus diesen Gründen ist es absolut notwendig, sich so schnell wie möglich zu verteidigen und aus dem Würgegriff zu lösen. Trainieren Sie diese Techniken mit einem Freund, damit Sie gegebenenfalls sozusagen reflexartig reagieren und entkommen können.

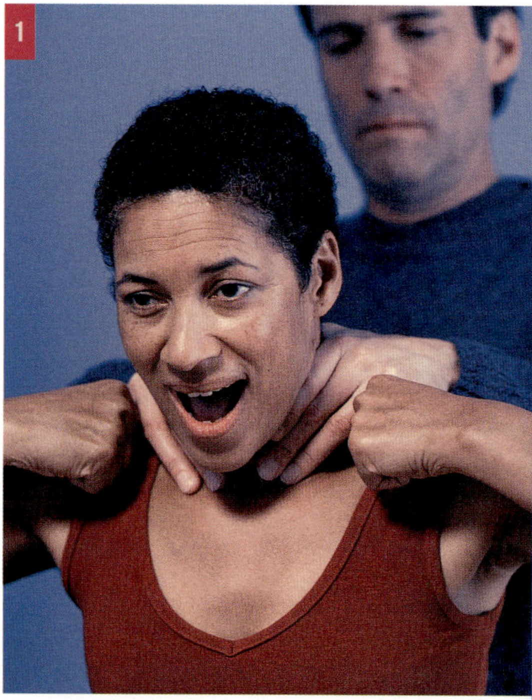

1 **DEN HALS SCHÜTZEN** Ebenso wie bei dem Würgegriff von vorne spannen Sie die Nackenmuskulatur an und ziehen die Schultern hoch. Die Nackenmuskulatur ist zwar nicht übermäßig kräftig, doch gibt Ihnen dies kurz Zeit, Luft zu holen und Ihre Abwehr vorzubereiten. Beugen Sie die Knie für einen sicheren Stand. Schreien Sie, wenn möglich, um Aufmerksamkeit zu erregen.

2 **KLEINE FINGER ERGREIFEN** Ergreifen Sie mit den Händen die kleinen Finger, umfassen Sie sie fest und reißen Sie diese mit Kraft gegen die Fingergelenke nach oben und hinten von Ihrem Hals weg (s. Seite 75). Das löst den Würgegriff von Ihrem Hals.

VERSUCHEN SIE AUCH …

ELLBOGENSTOSS IN DEN MAGEN Knie und Ellbogen sind ebenso hart wie knochig, sodass mit ihnen kräftige Stöße ausgeführt werden können. Ellbogen- und Kniestöße können daher im Nahkampf sehr wirkungsvolle Techniken sein, insbesondere, wenn Sie von hinten angegriffen werden. Um den Angreifer am effektivsten zu treffen, ballen Sie die Faust des Arms, mit dem Sie zustoßen wollen. Legen Sie die andere Hand über die Faust und nutzen Sie den freien Arm, um den Ellbogen in den Magen zu stoßen. Der Stoß sollte mit ganzer Kraft und schnell ausgeführt werden, damit der Angreifer keine Chance hat, ihn abzufangen. Führen Sie den Arm nicht zu sehr nach vorne, da der Angreifer den Stoß dann kommen sieht. Wohin Sie zielen, ist nicht wichtig. Treffen Sie die Rippen, kann dies große Schmerzen verursachen. Treffen Sie in den Magen, verhindern die so entstandenen Schmerzen, dass er Sie verfolgen kann.

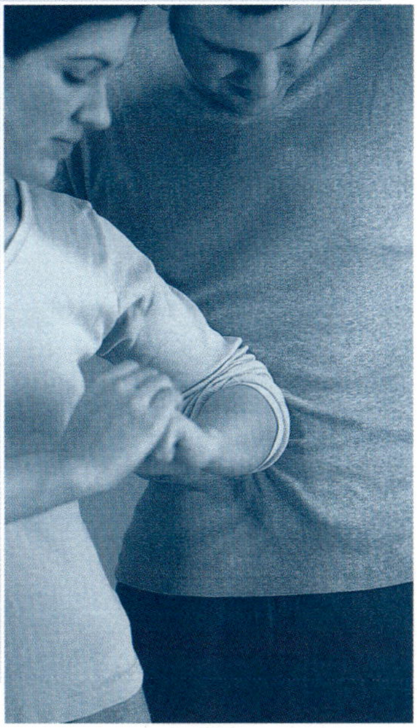

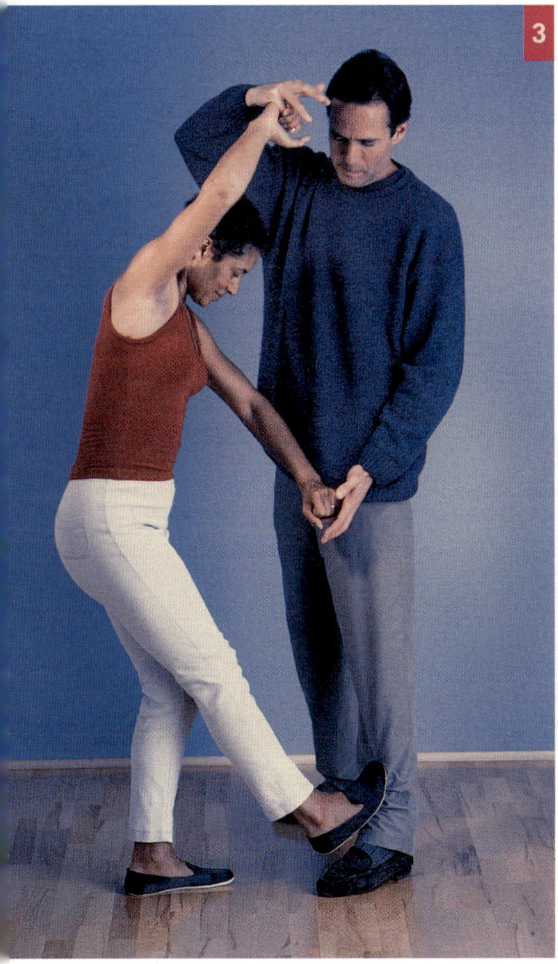

Taktische Tipps

- Entfernen Sie die Hände des Angreifers so schnell wie möglich von Ihrem Hals.
- Werden Sie gewürgt, können Sie währenddessen oder direkt danach weder schreien noch rufen. Konzentrieren Sie sich daher darauf, freizukommen.
- Geraten Sie nicht in Panik, wenn Sie sich der Hände des Angreifers nicht beim ersten Versuch entledigen können. Versuchen Sie es einfach wieder.
- Überraschen Sie den Angreifer damit, sich heftig zu wehren. Stoßen und treten Sie und schreien Sie, wenn möglich. Da der Angreifer ein leichtes Ziel sucht, kann dies ausreichen, damit er von Ihnen ablässt.

3 ANGREIFER KONFRONTIEREN Umklammern Sie weiter die kleinen Finger des Angreifers und drehen Sie sich ihm zu, wobei Sie unter einem seiner Arme wegtauchen. Es ist möglich, ihm dabei die Finger zu brechen. Bedrängt er Sie weiter, treten Sie ihn kräftig gegen Knie, Schienbeine oder Knöchel. Treten Sie zu, bis der Angreifer von Ihnen ablässt.

Würgen mit dem Arm (Schwitzkasten)

Dies ist ein äußerst gewaltsamer Angriff, bei dem der Angreifer Sie von hinten mit einem Arm um den Hals packt, Sie an sich zieht und Ihnen die Luft abdrückt. Wie bei den anderen Würgegriffen können Sie verletzt werden und das Bewusstsein verlieren. Dieser Würgegriff blockiert die Luftzufuhr, nicht jedoch die Blutzufuhr zum Gehirn. Sie werden nur schwer Luft bekommen, haben jedoch mehr Zeit zum Reagieren als beim Würgen mit der Hand am Kehlkopf – womöglich bis zu 2 Minuten. Dennoch müssen Sie schnell reagieren.

Bewahren Sie die Ruhe, denn dann sind Sie in der Lage, sich effektiv zu verteidigen. Üben Sie diese Technik, um sie reflexartig einsetzen zu können.

1 **ARM ERGREIFEN** Greifen Sie mit beiden Händen nach dem Ärmel oder bohren Sie die Fingernägel in die Haut. Greifen Sie fest und kraftvoll zu und ziehen Sie den Arm nach unten, weg von Ihrem Hals. Drücken Sie Ihr Hinterteil gegen den Angreifer. Das verhindert, dass er Sie nach hinten zieht.

2 **KOPF EINZIEHEN** Beim Herunterziehen des Arms hat sich der Griff, wenngleich nur leicht, etwas gelockert. Pressen Sie das Kinn in den Platz zwischen dem Arm und Ihrer Kehle. Setzen Sie das Kinn ein, um den Griff weiter zu lösen. Das hindert ihn daran, weiterzuwürgen, und verschafft Ihnen Luft zum Atmen.

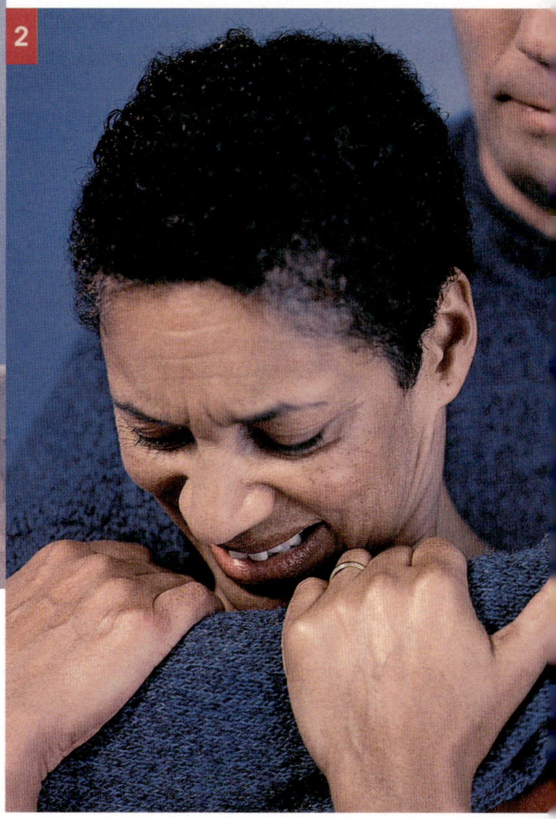

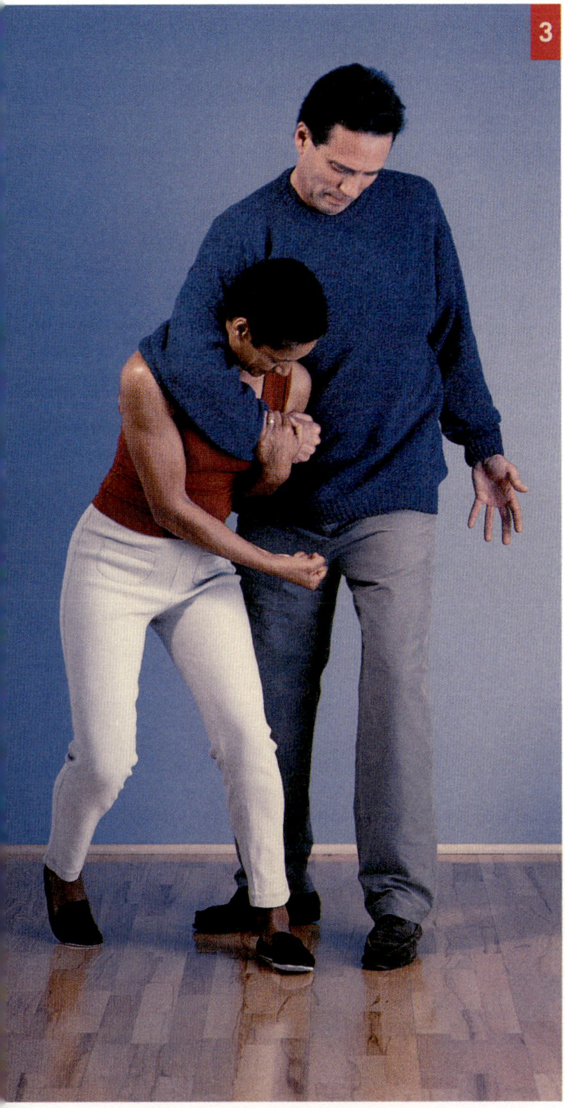

3 **AUS DEM GRIFF WINDEN** Drehen Sie Ihren Körper, bis Sie seine Hand an Ihrem Hals sehen können. Drücken Sie mit Ihren Schultern seinen Körper von sich weg. Auch wenn Sie sich nicht gänzlich drehen können, sind Sie nun in der Lage, einen kräftigen Faust- oder Ellbogenstoß in den Genitalbereich oder Magen auszuführen.

Taktische Tipps

- Sie haben weitaus mehr Zeit zum Atmen als beim Würgegriff. Geraten Sie also nicht in Panik.
- Können Sie den Arm an Ihrem Hals nicht fassen, ziehen Sie kraftvoll am Ärmel. Sind die Arme nackt, graben Sie die Fingernägel in die Haut und kratzen ihn. Das fügt ihm große Schmerzen zu, zeichnet ihn, und es verbleibt ein wenig Haut für eine DNA-Analyse unter Ihren Nägeln.
- Befindet sich Ihr Kinn zwischen Ihrer Kehle und seinem nackten Arm, beißen Sie mit ganzer Kraft zu. Das kann ihn dazu bringen, von Ihnen abzulassen.
- Ist der Würgegriff so fest, dass Sie sich nicht drehen können, treten Sie auf seinen Fuß oder rückwärts gegen sein Schienbein und führen Sie einen Fauststoß gegen die Geschlechtsteile.

VERSUCHEN SIE AUCH ...

HODENQUETSCHE Bei einem männlichen Angreifer sind die Genitalien der empfindlichste Bereich. Auch wenn es sie ekelt, ihn dort zu berühren, können Sie ihn leicht außer Gefecht setzen, wenn Sie ihn hier verletzen.

Würgt er Sie mit dem Arm von hinten, nehmen Sie immer nur eine Hand von seinem Arm weg. Versuchen Sie ihm einen Fauststoß oder Handkantenschlag (s. Seite 67) in die Genitalien zu versetzen. Können Sie seine Hoden ergreifen, dann drehen, drücken oder packen Sie kräftig zu. Es bedarf nur wenig Kraft, um solche Schmerzen zu verursachen, dass der Angreifer von Ihnen ablässt.

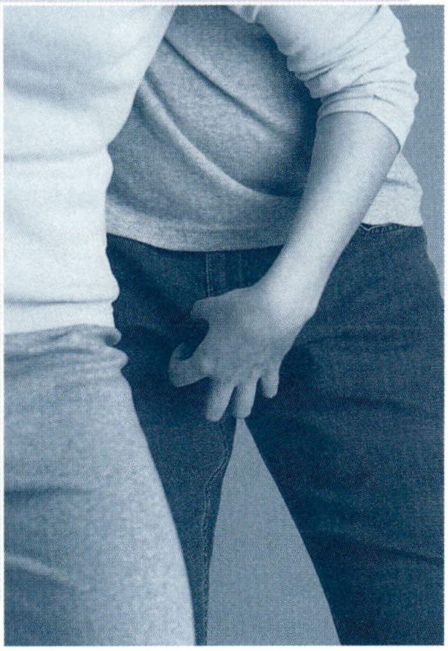

Umklammerungstechniken

Hierbei handelt es sich um Angriffe, die gemeinhin von Männern gegen Frauen ausgeführt werden, da der Angreifer dem Opfer kräftemäßig überlegen sein muss. Umklammerungstechniken werden angewendet, um ein Opfer an einen abgeschiedenen Ort zu schleppen oder zu tragen. Frauen haben Angst, dass ein derartiger Angriff einem sexuellen Übergriff vorausgeht. Daher ist es wichtig, so schnell wie möglich auf sich aufmerksam zu machen und an öffentlichen Plätzen zu bleiben.

Umklammerung von vorn

Will ein Angreifer Sie vollständig kontrollieren, versucht er Ihren ganzen Körper im Griff zu haben. Umfasst er dabei auch beide Arme, könnten Sie sich besonders hilflos fühlen. Das will der Angreifer erreichen. Entscheidend ist nun, dass Sie sich selbst vertrauen, da Sie sich keineswegs in einer ausweglosen Lage befinden.

1 **ZURÜCKZIEHEN** Beugen Sie die Knie für einen sicheren Stand und um Gegendruck zu erzeugen. Lehnen Sie sich vom Angreifer weg und spannen Sie den Körper an, um so Widerstand und Kraft zu zeigen. Sie können den Angreifer so durchaus abschütteln oder einen Arm zum Zustoßen freibekommen.

Taktische Tipps

- Geraten Sie nicht in Panik, wenn Sie in der Umklammerung nur schwer Luft bekommen. Holen Sie tief Luft und wehren Sie sich mit aller Kraft gegen den Griff. Das kann diesen durchaus lockern. Verhindern Sie unbedingt, fortgetragen zu werden.
- Beißen Sie zu, bis er aufgibt. Während Sie ihn beißen, kann er kaum etwas unternehmen.

VERSUCHEN SIE AUCH ...

KOPFSTOSS NACH VORNE Dies ist eine hervorragende Technik, wenn Ihr Kopf nahe dem des Angreifers ist. Hat er seine Arme um Ihre Hüften oder Arme geschlungen, ist er nicht in der Lage, Sie davon abzuhalten. Neigen Sie Ihren Kopf leicht nach hinten, blicken Sie auf das Ziel und schlagen Sie die Stirn kraftvoll auf seine Nase. Halten Sie Ihre Nase nach unten und stoßen Sie nur mit dem Stirnbein zu. Eine Verletzungsgefahr für Sie ist ausgeschlossen, da das Stirnbein sehr hart ist. Dieser Stoß vermag den Angreifer zu lähmen und ihm die Tränen in die Augen zu treiben. Das gibt Ihnen die Möglichkeit zur Flucht.

Frauen fürchten sich oft, Kopfstöße auszuführen, da Sie Angst haben, sich zu verletzen oder dem anderen die Nase zu brechen. Bedenken Sie, dass Sie bei allen Techniken der Selbstverteidigung diese nur ausführen, wenn Sie in einer bedrohlichen Lage sind. Außerdem können Sie damit Ihr Leben retten.

2 **INS GESICHT BEISSEN** Bei einer Umklammerung befindet sich Ihr Kopf meist auf gleicher Höhe mit dem des Angreifers. Überwinden Sie alle Hemmungen und beißen Sie ihn kraftvoll ins Gesicht (s. Seite 84).

3 **ENTKOMMEN** Können Sie den Angreifer zurückdrängen, bringen Sie einen Arm in den Zwischenraum und schlagen Sie mit einem Handballenstoß hart gegen sein Kinn. Das bringt ihn aus dem Gleichgewicht und gibt Ihnen die Chance zu entkommen.

Ein Arm um die Hüfte

Diese Art des Angriffs ist überraschend, und Sie müssen schnell reagieren, ehe Sie der Angreifer unter Kontrolle hat. Womöglich legt der Angreifer eine Hand über Ihren Mund und Ihre Nase, um Sie so vom Schreien abzuhalten und Ihnen das Atmen zu erschweren. Dies ist ein bedrohliches Gefühl, das sie jedoch nicht lähmen sollte. Bleiben Sie geistesgegenwärtig und entfernen Sie die Hand, damit Sie schnell wieder atmen und nach Hilfe rufen können.

1 WIDERSTEHEN Drücken Sie Ihr Hinterteil nach hinten gegen Magen und Genitalbereich des Angreifers. Das drückt ihn etwas weg und verleiht Ihnen einen besseren Stand. Beugen Sie sich nach vorne und setzen Sie Ihr ganzes Gewicht ein, damit er Sie nicht wegziehen oder wegtragen kann.

2 HAND VOM MUND REISSEN Ergreifen Sie seinen kleinen Finger und umklammern ihn. Ziehen Sie den Finger gegen das Gelenk nach oben und außen, von Ihrem Gesicht weg. Halten Sie seine Hand, damit er Sie nicht wieder ergreifen kann. Sie können ihn mit ganzer Kraft in die Hand beißen und laut schreien.

3 **KÖRPER HERAUSDREHEN** Führen Sie mit ganzer Kraft und schnell einen Ellbogenstoß nach hinten in den Magen aus. Drehen Sie Ihren Körper etwas, während Sie zustoßen. Sie können dem Angreifer auch hart auf den Fuß treten oder einen Fauststoß in den Genitalbereich versetzen. Tun Sie, was immer Sie können, um zu entkommen.

VERSUCHEN SIE AUCH ...

FAUSTSTOSS NACH HINTEN Hält der Angreifer Sie von hinten umklammert und Sie haben einen Arm frei, können Sie zurückstoßen. Auch wenn es nicht einfach ist, einen gezielten Stoß auszuführen, kann ein Schlag nach hinten ins Gesicht Schmerzen bereiten. Ein Vorteil dieser Technik ist, dass der Angreifer den Stoß nicht kommen sieht.

Um einen Fauststoß nach hinten auszuführen, drehen Sie den Kopf, damit Sie Ihr Ziel möglichst gut erkennen. Ballen Sie die Hand zur Faust (s. Seite 69). Mit nach unten gebeugten Ellbogen führen Sie den Stoß mit der Faust nach hinten gegen Nase, Augen oder Kieferknochen des Angreifers. Versuchen Sie mit den Mittelhandknöcheln und nicht mit der flachen Hand zuzuschlagen, denn dabei könnten Sie sich verletzen. Anders als beim Schlag ins Gesicht (s. Seite 69), beugen Sie das Handgelenk beim Schlagen leicht nach oben.

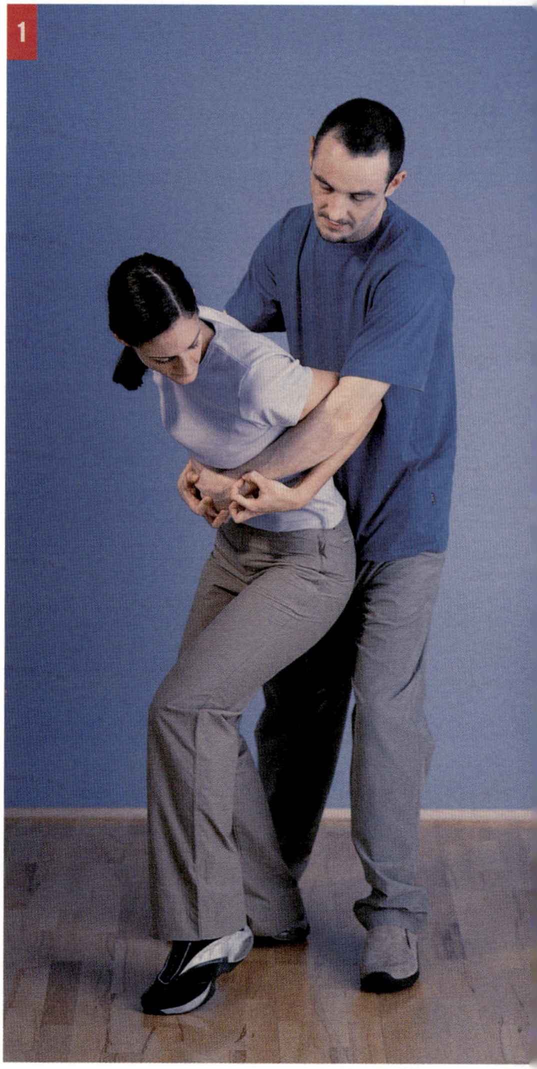

Umklammerung von hinten über den Armen

In dieser Art von Griff kann der Angreifer Sie sehr fest umklammern und durch starkes Zudrücken die Luft nehmen. Der Angreifer, der Sie so überrumpelt, wird versuchen, Sie an einen abgelegenen Ort zu schleppen. Bleiben Sie geistesgegenwärtig und versuchen Sie weiter zu atmen. Sie sind in der Lage, diesen Griff zu lockern.

1 **SCHREIEN UND SICH WEHREN** Wehren Sie sich heftig, indem Sie in der Umklammerung Ihr Körpergewicht vor- und zurückwerfen. Versuchen Sie die Arme freizubekommen, indem Sie seine Arme auseinander reißen oder die Hände nach oben aus diesem Griff herausbringen. Beißen und kratzen Sie, wenn möglich.

VERSUCHEN SIE AUCH ...

KRATZEN ODER BEISSEN Haben Sie keine Angst davor, den Angreifer so zu verletzen, dass er blutet. Setzen Sie Fingernägel und Zähne ein. Das kann ausreichen, um freizukommen. Darüber hinaus können beim heftigen Kratzen Hautpartikel unter Ihren Nägeln bleiben. Auch wenn Sie alles, was Sie an diesen tätlichen Übergriff erinnert, schnell vergessen wollen, waschen Sie Blutflecken oder Hautteile nicht ab. Die Polizei kann dies für DNA-Analysen des Angreifers und als Beweismittel verwenden (s. Seite 39). Können Sie den Angreifer beißen, tun Sie es so kraftvoll wie möglich! Sie mögen es abstoßend finden, dennoch besteht kaum eine Möglichkeit sich anzustecken. Das Risiko ist weitaus geringer, als schwer verletzt, vergewaltigt oder gar getötet zu werden.

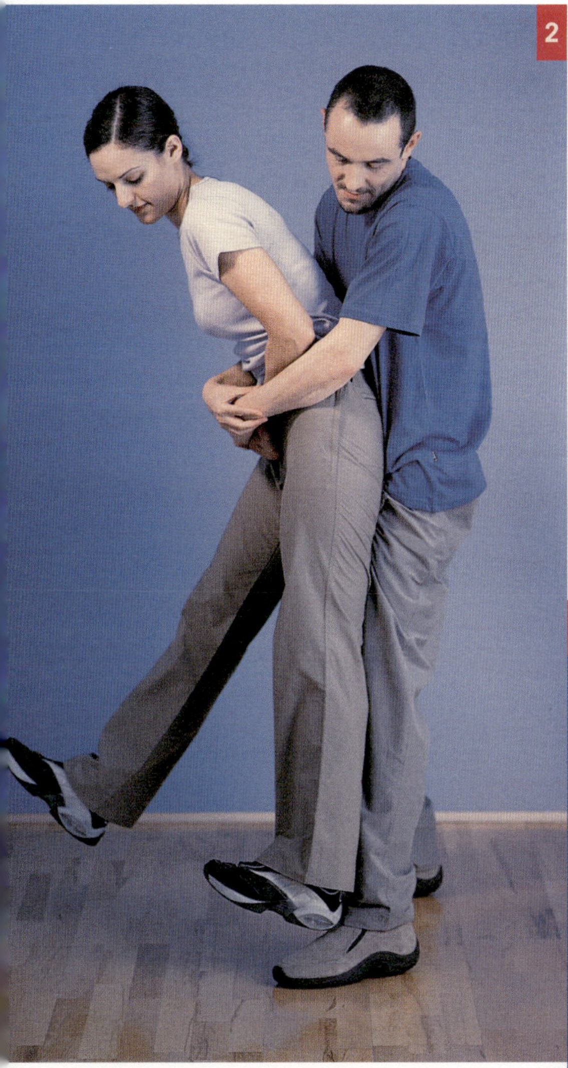

2 MIT BEIDEN FÜSSEN TRETEN Hebt der Angreifer Sie in der Umklammerung hoch, treten Sie mit beiden Füßen möglichst fest nach hinten gegen seine Beine. Je höher die Absätze, desto besser. Treten Sie kurz und kräftig gegen Schienbeine und Kniescheiben.

3 KOPFSTOSS NACH HINTEN Dieser Stoß muss schnell ausgeführt werden. Neigen Sie den Kopf leicht nach vorne und schlagen Sie den Hinterkopf kraftvoll in das Gesicht des Angreifers. Sie sollten auf Nase, Kinn oder Wange zielen. Sie können sich dabei nicht verletzen. Für den Angreifer ist es jedoch sehr schmerzhaft.

Umklammerung von hinten unter den Armen

Obgleich es in den meisten Situationen wichtig ist, auf den Füßen zu bleiben, um fliehen zu können, kann es gleichermaßen wichtig sein, sich möglichst schwer zu machen, denn bei einer Umklammerung von hinten will der Angreifer Sie womöglich an einen abgeschiedenen Ort schleppen. Machen Sie sich so schwer wie möglich, indem Sie Ihr Gewicht nach unten verlagern oder sich fallen lassen. Sie können sich auch an einen stabilen Gegenstand klammern wie einen Zaun, einen Baum oder einen Lichtmast.

1 **UNMITTELBAR REAGIEREN** Wehren Sie sich, sobald Sie umklammert sind. Der Angreifer will Sie womöglich nach hinten ziehen. Leisten Sie Widerstand, indem Sie nach vorne ziehen. Halten Sie sich an etwas fest.

2 **ZU BODEN GEHEN** Zerrt der Angreifer weiter an Ihnen, entspannen Sie die Beine, selbst wenn Sie dies nicht tun möchten (s. Seite 52). Nun muss der Angreifer Ihr ganzes Körpergewicht tragen, um Sie zu bewegen.

VERSUCHEN SIE AUCH …

ELLBOGENSTOSS INS GESICHT Ein Stoß mit dem Ellbogen kann den Angreifer benommen oder gar bewusstlos machen. Befinden sich Ihre Arme und Schultern auf der Höhe seines Gesichts, kann der Stoß besonders gut angebracht werden. Wie alle Stöße mit dem Ellbogen muss auch dieser schnell geführt werden, das verleiht ihm mehr Kraft. Drehen Sie den Körper in Schlagrichtung, um so mehr Wucht zu erreichen, und zielen Sie auf Kieferknochen, Gesicht oder Schläfen. Für einen kraftvolleren Stoß können Sie die andere Hand über die Faust legen, bevor Sie zuschlagen (s. Seite 77).

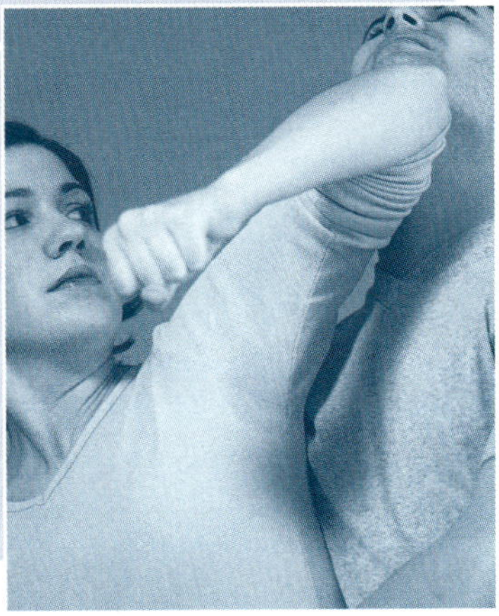

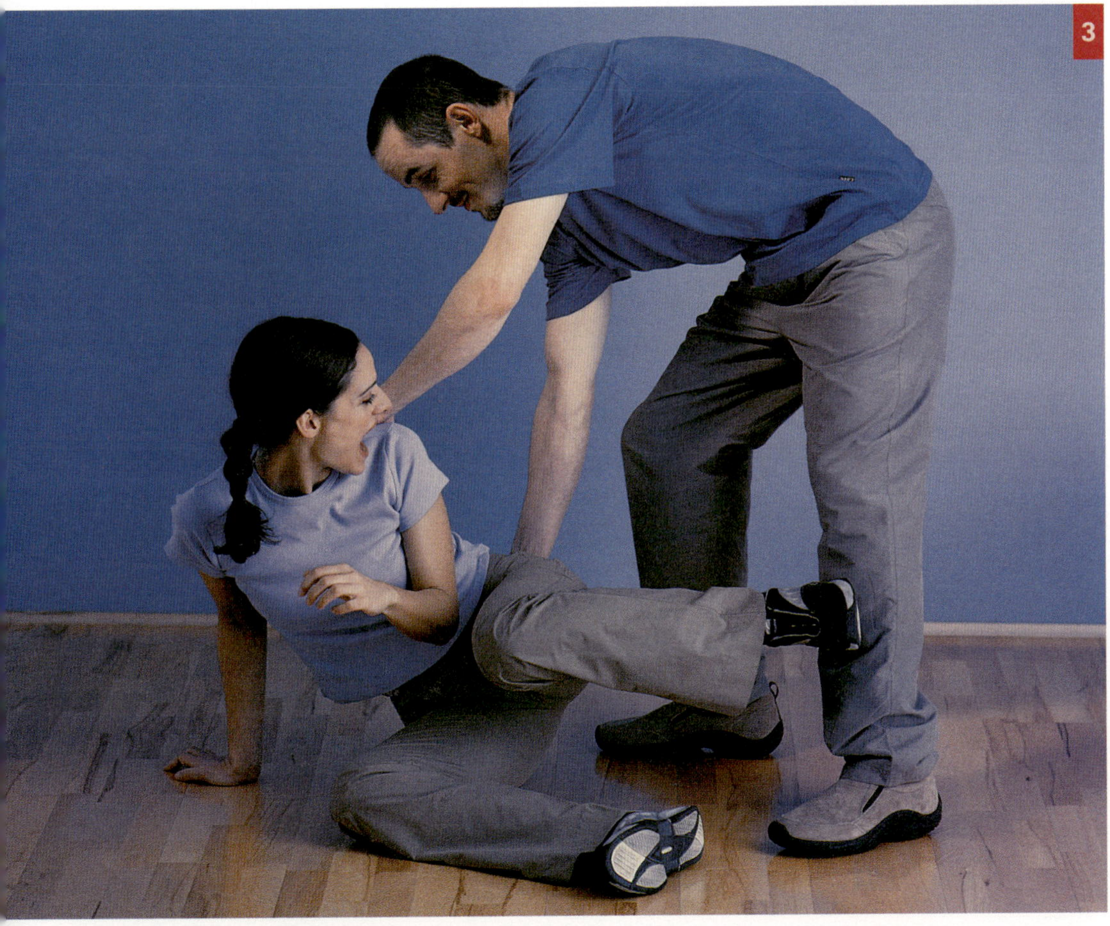

3 **ANGREIFER ABHALTEN** Wenn Sie am Boden sind, lassen Sie den Angreifer nicht an sich herankommen. Stützen Sie sich mit einer Hand ab und treten Sie nach ihm. Zielen Sie auf Schienbeine und Kniescheibe, aber nicht in die Genitalien, da er Ihren Fuß fassen könnte. Schreien Sie laut um Hilfe.

Verteidigung am Boden

Wenn Sie angegriffen werden, sollten Sie vermeiden zu Boden zu gehen, da es dann schwieriger ist zu fliehen. Es ist auch weitaus schwerer, sich aus dieser Situation gegen einen Angreifer zu wehren. Dennoch: Alles ist möglich. Sind Sie am Boden, setzen Sie eine der nachfolgenden Techniken ein und versuchen Sie so schnell wie möglich wieder auf die Füße zu kommen.

Auf den Bauch fallen

Stolpern Sie auf der Flucht vor einem Angreifer, können Sie auf den Boden fallen. Dies gibt dem Angreifer Zeit, um an Sie heranzukommen. Rollen Sie sich schnell zusammen, um sich zu schützen und rasch die Flucht ergreifen zu können.

1 **SELBSTSCHUTZ** Versuchen Sie auf die Knie zu kommen oder kauern Sie sich wie zum Wegkriechen hin. Eine kauernde Haltung schützt verwundbare Körperteile vor Tritten. Dies bringt Sie auch in eine gute Startposition. Achten Sie auf den Angreifer, um die Chance zu nutzen, ihm zu entfliehen.

2 **ANGREIFER TRETEN** Wenn der Angreifer versucht, nach Ihnen zu greifen, treten Sie ihn kräftig gegen Schienbeine oder Knie. Nicht höher treten, sonst kann er das Bein fassen.

Verteidigung aus der Rückenlage

Landen Sie auf dem Boden, bleibt der Angreifer womöglich stehen, da er Sie so leichter treten oder wegschleppen kann. Wirft sich der Angreifer auf Sie, liegt oft eine Vergewaltigungssituation vor. Es gibt weder eine richtige noch eine falsche Antwort auf die Frage, was zu tun ist. Einerseits mögen Sie befürchten, das Risiko, verletzt oder gar getötet zu werden, sei größer, wenn Sie sich wehren, und hoffen, dass der Täter Sie nicht verletzt, wenn Sie alles tun, was er will. Andererseits mögen Sie denken, der Täter lüge und wolle Sie so oder so verletzen. In diesem Fall könnte Gegenwehr die bessere Entscheidung sein. Ist der Angreifer groß oder schwergewichtig, kann es schwierig sein, ihn abzuschütteln. In diesem Fall können Sie sich entweder sofort wehren, um ihn davon abzuhalten, sich Ihnen noch mehr zu nähern, oder mit der Abwehr warten, bis er sich verwundbar zeigt. Dies ist oft dann der Fall, wenn er am Reißverschluss fummelt oder entblößt ist.

1 EINSATZ VON HÄNDEN UND MUND Schreien Sie dem Angreifer ins Ohr. Machen Sie Ihre Hände frei, um ihn an den Haaren zu ziehen, sein Gesicht zu zerkratzen oder ihn mit den Fingern in die Augen zu stoßen.

2 BISSE INS GESICHT UND OHR Werden Sie an den Armen festgehalten, richten Sie sich auf und beißen Sie in Wangen, Nase oder Ohren. Gegebenenfalls in den Nacken beißen.

3 DER RICHTIGE MOMENT Richtet sich der Angreifer auf, um seine Hose auszuziehen, stoßen Sie ihm mit ganzer Kraft in die Genitalien oder ins Gesicht. Greifen Sie nach einem Gegenstand und schlagen Sie damit auf ihn ein.

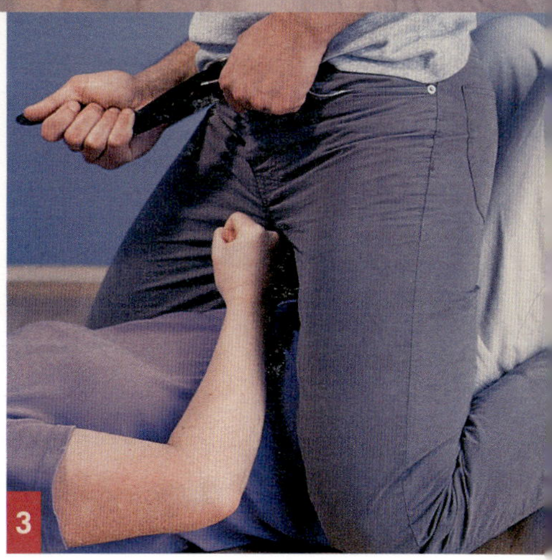

Verteidigung aus der Bodenlage

Liegen Sie auf dem Boden und der Angreifer steht über Ihnen, will er Sie womöglich wegzerren oder auf Sie gelangen. Aus dem Stand kann der Angreifer Sie auch in die Seite oder den Magen treten. Das kann schmerzhafte innere Verletzungen zur Folge haben. Sie sollten versuchen, schnell aus dieser Lage herauszukommen, um zu verhindern, dass der Angreifer noch näher herankommt. Nutzen Sie jede Chance, um aufzuspringen oder zu entkommen.

1

1 TRITTE GEGEN DIE BEINE Treten Sie nicht zu hoch, zielen Sie auf Schienbeine, Knie oder Fußgelenke. Versuchen Sie nicht den Genitalbereich zu treffen, da der Angreifer den Fuß ergreifen könnte. Achten Sie darauf, wo Sie angreifen, da er sich um Sie herum bewegt, um den Tritten auszuweichen. Treten Sie kraftvoll genug zu, können Sie ihn zwingen, seitlich auszuweichen. Schreien Sie laut.

2 SEITWÄRTSTRITTE Lehnen Sie sich auf den Ellbogen, der dem Boden am nächsten ist. Stützen Sie sich mit der anderen Hand vor dem Körper ab. Heben Sie das obere Bein etwa 15 cm an und bringen Sie das Knie nach oben vor die Brust. Treten Sie dann mit aller Kraft gegen die Beine des Angreifers. Halten Sie Blickkontakt mit dem Angreifer und treten Sie nach ihm, damit er nicht näher kommen kann. Wenn Sie sich drehen müssen, nutzen Sie den aufgestützten Ellbogen, um Ihren Körper anzuheben.

2

3 DIE SEITE SCHÜTZEN Bewegt der Angreifer sich hinter Sie, rollen Sie sich auf die andere Seite und treten Sie weiter zu. So sind Sie in der Lage, den Angreifer von sich fern zu halten, während Sie den Ellbogen und die Hand nutzen, um auf die Füße zu gelangen. Üben Sie diese Bewegungsabläufe zu Hause und wechseln Sie dabei die Seiten, sodass Sie mit beiden Beinen zutreten können.

Hilfreiche Adressen

Allgemeiner Notruf bundesweit:
Tel: 110

Bei Anruf teilen Sie bitte Folgendes mit:
Standort, Name, Telefonnummer und Anliegen
(z. B. Krankenwagen, Notarzt, Polizei)
Falls Sie unterbrochen werden, bleiben Sie dran bis Ihnen gesagt wird, dass Sie auflegen sollen.

Deutsches Rotes Kreuz (DRK)
Carstennstr. 58
12205 Berlin
Tel: 030 / 85 40 40
Fax: 030 / 85 40 44 50
Auch alle örtlichen Adressen erfragbar:
www.rotkreuz.de
E-Mail: info@rotkreuz.de

Weißer Ring e. V.
Bundesgeschäftsstelle
Weberstr. 16
55130 Mainz
Tel: 0 61 31 / 8 30 30
Fax: 0 61 31 / 83 03 45
www.weisser-ring.de
E-Mail: info@weisser-ring.de

Deutscher Kinderschutzbund Bundesverband. e. V.
Hinüberstr. 8
30175 Hannover
Tel: 05 11 / 30 48 50
Fax: 05 11 / 3 04 85 49
www.kinderschutzbund.de
E-Mail: info@dksb.de

Frauen Notruf
Beratung, Fortbildung und Information
Geismarstr. 43
37073 Göttingen
Tel: 05 51 / 4 46 84

Frauen Leben e.V.
Venloer Straße 405
50825 Köln
Tel: 02 21 / 9 54 16 60
Fax: 02 21 / 9 54 16 62

Weitere Anschriften und Telefonnummern von Beratungsstellen in Ihrer Stadt können Sie über die Telefonauskunft erfragen. Fragen Sie nach »Beratungsstellen für Frauen« oder Frauenhäusern.

SELBSTVERTEIDIGUNGSANGEBOTE FÜR FRAUEN

Wendo
Rosdorfer Weg 12 a
37073 Göttingen
Tel: 05 51 / 79 25 33

Wendo- Feministische Selbstverteidigung
Frau Schmitzz- AG Kölner Trainerinnen
Postfach 301343
Tel./Fax: 02 21 / 7 39 16 06

SPEZIFISCHE BERATUNGS- UND INFORMATIONSANGEBOTE

AHGATA
Hilfe für die Zeugin
Büro für Prozessvorbereitung und Prozessbegleitung
Paul-Lincke-Ufer 7 a
10999 Berlin
Tel: 0 30 / 44 05 26 00
Fax: 0 30 / 44 05 26 20
E-Mail: b.geier@berlin.de

BIG E. V.
Berliner Initiative gegen Gewalt gegen Frauen
Paul-Lincke-Ufer 7
Tel: 0 30 / 61 70 91 00
Fax: 0 30 / 61 70 91 01
E-Mail: mail@big.interventionszentrale.de

Kindernotdienst
Gitschinerstr. 48/49
10969 Berlin
Tel: 0 30 / 61 00 61
www.kindernotdienst.de
E-Mail: info@kindernotdienst.de

HILFREICHE ADRESSEN IN ÖSTERREICH:

Verein für autonome österreichische Frauenhäuser
Informationsstelle gegen Gewalt
Bacherplatz 10 / 4
1050 Wien
Tel: 01-5 44 08 20
Fax: 01-5 44 08 20-24
www.aoef.at
E-Mail: informationsstelle@aoef.at
(Bereitstellung von Informationsmaterial)

DOS Vienna
Selbstverteidigungskurse
Stammgasse 6 (Ecke Kegelgasse)
1030 Wien
www.taekwondo.at

Weißer Ring
Marokkanergasse 3
1030 Wien
Tel: 07114 / 200155 (zum Ortstarif aus ganz Österreich)
Tel: 01 / 7 12 14 05
Fax: 01 / 7 18 83 74
E-Mail: office@weisser-ring.at

Frauenhelpline
(kostenlos aus ganz Österreich 0–24 Uhr)
08 00 / 22 25 55
www.haltdergewalt.at

HILFREICHE ADRESSEN IN DER SCHWEIZ:

Frauenhaus Bern
Postfach 183
3000 Bern
Schweiz
Tel: 0 31 / 3 32 55 33
Fax: 0 31 / 3 32 55 72

LANTANA Fachstelle für Opferhilfe bei sexueller Gewalt
Aarbergergasse 36
3011 Bern
Tel: 0 31 / 3 13 14 00
Fax: 0 31 / 3 13 14 01
E-Mail: beratung@lantana.ch

Beratungsstelle Opferhilfe der Stiftung Hilfsstelle Bern
Mühlemattstr. 53
3007 Bern
Tel: 0 31 / 3 72 30 35
Fax: 0 31 / 3 72 30 39
E-Mail: beratungsstelle@opferhilfe-bern.ch

Weißer Ring Schweiz
Dufourstr. 95
8008 Zürich
Tel: 01 / 4 22 65 62
Fax: 01 / 6 71 04 06
E-Mail: info@weisser-ring.ch

Pallas
Schweizerische Interessengemeinschaft für Selbstverteidigung
Sekretariat
Pfisters Reben 26
3210 Kerzers
Tel: 0 31 / 7 55 64 00
Fax: 0 31 / 7 55 64 00
www.pallas.ch
E-Mail: admin@pallas.ch

Register

Danksagung

Ich möchte hier allen Menschen danken, die mich bei diesem Projekt unterstützt und ermutigt haben. Dieser Dank gilt vor allem meiner Familie, die mir die Gewissheit gab, dass alles in meinem Leben möglich ist. [Mum und Dad, ihr habt doch schließlich immer Recht behalten.] Ein großer Dank gebührt meiner Schwester Debi für ihre phantastische Hilfe mit dem Computer. Dank auch an meine Mitbewohnerin Lorna, die mich nach einem langen Arbeitstag bis spät in die Nacht hinein, wenngleich auch müde, so doch ermunterte, am Buch weiterzuarbeiten. Ohne ihre hervorragende Versorgung hätte ich monatelang nichts Ordentliches zu essen bekommen. Besten Dank auch meiner Freundin Vanessa, die mich meinem Verleger vorstellte und so meinen Traum wahr werden ließ; Mick, meinem Trainingspartner und besten Freund; der Metropolitan Police, die das Buchprojekt billigte, und all meinen Freunden und Kollegen, die mir wohl gesonnen waren und mich unterstützten. Ein besonderer Dank gilt meinem Verleger, der den Mut zu diesem Buch hatte, und für all die Arbeit, die er hineinsteckte. Eine großartige Teamarbeit, für die ich euch allen sehr dankbar bin – wirklich!

Carroll & Brown dankt folgenden Personen:
Lektorat: Dr. Louise Aikman, Sarita Bingeman, Tom Broder, Kelly Thompson und Fiona Screen
Herstellungsleiter: Karol Davies
Herstellung: Nigel Reed
DTP: Paul Stradling
Bildrecherche: Sandra Assersohn
Register: Hilary Bird
Models: Brett Alexander, Anna Amari-Parker, Frank Cawley, Mark Curnock, Emma Deacon, Sylvia Firth-Tuck, Justin Ford, Tristan Hickey, Louise Lang, Charlotte Medlicott und Dorothy Wong
Frisur und Make-up: Jeseama Owen

Bildnachweis

Seite 4, 8 Powerstock, **7** Craig Blankenhorn/Fox, **13** Denise Hager/Bubbles, **16** Juan Silva/Getty Images, **17** Abbie Enock/Travel Ink, **18–19** Powerstock, 20 Alan Danahe/Getty Images, **22, 26** Powerstock, **27** Sally & Richard Greenhill Photo Library, **30, 31** Auto Express, **36** G & M David de Lossy/Getty Images, **39** Dr. Jurgen Scriba/Science Photo Library, **55** David Drebin/Getty Images